VOYAGE

DE LA MER ATLANTIQUE

À L'OCÉAN PACIFIQUE

PAR LE NORD-OUEST

L'AN MDLXXXVIII.

VOYAGE

DE LA MER ATLANTIQUE A L'OCÉAN PACIFIQUE
PAR LE NORD-OUEST DANS LA MER GLACIALE

PAR LE CAPITAINE
LAURENT FERRER MALDONADO
L'AN MDLXXXVIII

TRADUIT D'UN MANUSCRIT ESPAGNOL
ET SUIVI D'UN DISCOURS
QUI EN DÉMONTRE L'AUTHENTICITÉ ET LA VÉRACITÉ

PAR CHARLES AMORETTI

Chevalier de l'Ordre de la Couronne de Fer,
Membre de l'Institut Royal et du Conseil des Mines du Royaume d'Italie;
Un des XL de la Société Italienne des Sciences,
des Académies de Turin, de Gênes, de Naples, de Bavière etc.
et Bibliothécaire dans l'Ambroisienne de Milan.

PLAISANCE

DE L'IMPRIMERIE DEL MAJNO

MDCCCXII.

PRÉFACE.

En examinant les manuscrits de notre Bibliothèque, et particulièrement ceux qui ont du rapport aux Sciences Naturelles, pour en publier, suivant les vues sages du Fondateur le Cardinal Frédéric Borromée, ce que j'y aurois trouvé de neuf et d'instructif, mon attention s'arrêta à un petit livre écrit en Espagnol avec le titre de *Relation de la découverte du Détroit d'Anian par le Capitaine Laurent Ferrer Maldonado* vers la fin du XVI siècle, où il s'agit de sa navigation de la mer Atlantique à l'océan Pacifique par le Nord-ouest dans la mer Glaciale. N'ignorant pas que ce voyage est généralement réputé impossible; et que d'ailleurs *Ferrer Maldonado* est un nom très peu connu dans l'Histoire des Navigations, je soupçonnai, au premier coup d'œil, que cette Relation ne fût qu'un conte fait à plaisir, tel qu'on en a fait souvent dans le même siècle, et dans les suivans, soit pour amuser les curieux, soit pour dérouter ceux qui auroient pu nuire en profitant des nouvelles découvertes.

Mais ayant lu attentivement tout le manuscrit, et y ayant reconnu le caractère de l'authenticité et de la véracité, je me suis déterminé à le traduire, et d'y ajouter quelques notes et un *Discours* qui contiendroit des éclaircissemens et des preuves de la véracité de la Relation même; et j'avois destiné mon travail à faire partie d'un volume des Mémoires de notre Institut Royal.

Ce volume n'avoit pas encore paru quand je lus dans les Voyages du célèbre Baron de *Humboldt*, et dans quelques gazettes, qu'on mettoit la Relation *Ferrer Maldonado* au rang des impostures géographiques. J'examinai alors les bases sur lesquelles leurs assertions étoient appuyées, et je reconnus que rien n'étoit aussi peu fondé que l'imposture dont on accusoit trop légèrement la Relation dont il s'agit.

Me trouvant par cela contraint de justifier le manuscrit et mes recherches, je rassemblai assez de matériaux (parmi lesquels il y a des notices inconnues jusqu'à présent, tirées en grande partie de nos manuscrits) pour en former un volume.

L'Auteur afin d'être mieux entendu du Conseil des Indes, au quel il adressa sa Relation, y joignit quatre cartes géographiques, que j'ai fait copier exactement; et pour faciliter l'intelligence de la *Relation* même et de mon *Discours*, j'ai fait aussi graver deux autres planches, dont l'une représente les terres circompolaires du Nord, et l'autre les différentes manières dont les Navigateurs ont dessiné, à différentes époques, les détroits dont il est question dans cet ouvrage.

L'accueil favorable qu'on a fait au *Voyage de Pigafetta* que j'ai trouvé dans cette même Bibliothèque, et publié de la même manière en Italien et en François, me fait espérer que le Lecteur agréera ce nouveau travail, qui peut intéresser l'histoire, la géographie et la navigation.

RÉLATION

De la découverte du Détroit d'Anian, faite par moi Capitaine Laurent Ferrer Maldonado l'an 1588, dans laquelle on lit l'ordre de la navigation, la disposition du lieu, et la manière de le fortifier.

On y traite aussi des avantages de cette navigation, et des pertes qui résulteront de ne pas s'en rendre maître.

I. Il faut premièrement connoître quels avantages on peut obtenir de la navigation par le détroit d'Anian à la mer du Sud. Ayant pris à tâche d'examiner la route suivie jusqu'à présent pour aller aux Philippines, à la Chine, au Japon et aux autres parties de cette mer, on connoît, au moyen d'une exacte Cosmographie et Géographie, que navigant par le détroit d'Anian, on abrége le voyage à-peu-près de moitié, ce qu'on voit clairement dans un globe, ou dans un planisphère, qui ait le pôle au centre (a); mais on ne le voit pas bien dans les Cartes communes, dans lesquelles le dégré est aussi large près du Nord, que sur la ligne équinoxiale (b), d'où il résulte qu'un voyage ne peut pas paroître plus court que l'autre; et puisqu'on n'a qu'à le voir sur les Cartes, il est inutile d'en traiter ici : il suffit d'observer qu'en passant par ce détroit on épargne à-peu-près la moitié du chemin (c).

II. Cette route a un avantage encore plus grand ; et c'est que

(a) Voyez à la planche III, le Planisphère de la terre entière dessiné par l'Auteur, où il a indiqué par des petits points la route qu'on suivoit autrefois, et par laquelle on va encore aujourd'hui, et celle qu'il propose par le détroit d'Anian. La planche I. représente plus en grand l'Hémisphère boréal.

(b) C'est-à-dire : les méridiens sont aussi distans entr'eux près du Nord, que sur la ligne équinoxiale.

(c) Dans une note marginale de l'original, il est dit que la première route est de 4400 lieues, au lieu que la seconde n'est que de 2000.

lorsqu'on s'est une fois embarqué, on peut aller de l'Espagne aux Philippines ; ce qu'on n'obtient pas par la route qu'on tient à présent, parceque l'on doit mettre pied à terre dans la Nouvelle Espagne (a), et parcourir par terre cent cinquante lieues, d'où il arrive, que la plus grande partie des hommes qu'on y envoie pour garnison et soutien des Colonies, s'arrêtent dans la Nouvelle Espagne, soit qu'ils aient trop souffert dans la navigation, soit qu'ils y soient invités par les délices de ces régions.

III. Sa Majesté aura aussi un profit très-considérable, en faisant venir par mer tous les aromates des Isles Molucques, de tout cet Archipel méridional, et des autres endroits ; et au moyen de ce détroit, il se rendra le seul maître de toutes les épiceries ; et, les plaçant dans ses magasins de Séville, il pourra y avoir un profit de cinq millions par an, contraignant ainsi les autres nations à venir en Espagne pour les avoir, et à y porter en échange abondamment tout ce qui est nécessaire à ces pays : et l'on cessera alors de laisser sortir tout l'argent qu'on reçoit chaque année des Indes ; d'où il arrive que le Royaume en est toujours en grande disette.

IV. Ajoutez à cela que, si l'on navigue dans ce détroit, on va changer tout le trafic et le commerce, que la Chine fait avec les Indes (b); et ce commerce passera à l'Espagne, et s'étendra aussi aux Philippines et aux autres contrées de cette partie de la terre. Effectivement le trafic de la Chine avec les Indes a été très-nuisible à l'Espagne, de manière que celle-ci a cessé de faire tout le trafic qu'elle y faisoit autrefois ; et la preuve en est, que Sa Majesté pour cette raison vient à présent de restreindre le commerce, que la Chine et les Philippines entretiennent avec les Indes : de manière qu'il est impossible de se soutenir dans ces régions comme il faudroit, pour résister aux ennemis qui sont nombreux ; et par conséquent la population doit diminuer au point de ne pouvoir plus y tenir. Au contraire, au moyen de la navigation et par la route que je propose,

(a) L'Amérique septentrionale. Quelques uns l'appelent *Colombia* du nom de Cristophe Colomb, laissant le nom d'Amérique à la méridionale.

(b) C'est-à-dire, avec l'Amérique.

ces populations augmenteroient en richesses et en nombre, et l'on attireroit à elles par ce chemin des flottes aussi grandes, que celles qui vont aux Indes ; apportant à l'Espagne des grandes richesses de la Chine, de la Tartarie et des autres endroits, où les productions sont à très bas prix ; et par conséquent on pourroit en tirer deux millions chaque année seulement en or, avec lequel on pourroit avoir un commerce très-étendu ; sans compter les autres denrées, qu'il faut acheter de nos ennemis même, qui par ce moyen s'enrichissent, et acquièrent des forces pour nous faire la guerre.

V. Il est aussi nécessaire d'envoyer des troupes pour la défense de ces pays-là ; et c'est ce qu'on fera très-aisément par la navigation, que je viens de projeter. De cette manière les ennemis ne pourront pas en faire la conquête, comme ils la feroient aisément, si le pays manquoit de forces et de moyens de subsister.

VI. S'il plait à Dieu que la navigation, dont il s'agit, puisse avoir lieu, on ouvrira une nouvelle porte pour la conversion des Idolâtres dont ces régions sont très peuplées ; et ce bien, s'il n'est pas le plus grand de tous, n'est certainement pas le moindre.

VII. Je pourrois ici faire l'énumération de plusieurs autres avantages que l'Espagne en retireroit ; mais le plus essentiel est d'éviter et de prévenir le préjudice immense qui lui en résulteroit si l'on ne reconnoissoit pas, et l'on ne fortifioit le détroit d'Anian. Car, puisque ce détroit existe, et je l'ai vu moi-même, nous en aurions un préjudice incalculable s'il venoit à être découvert, et fortifié par nos ennemis qui sont bien empressés de le trouver ; et nous savons qu'effectivement l'année dernière quelques navires partirent d'Angleterre pour en faire la recherche (a). Si les ennemis s'en mettoient en possession, le tort qu'ils nous feroient, seroit d'autant plus grand, que ce détroit est beaucoup plus près d'eux que de nous ; et il pourroient plus aisément y envoyer une armée sur une flotte de trente navires, avec laquelle ils se rendroient maîtres de tous les ports de la Nouvelle Espagne et du Pérou, où, annonçant

(a) Cela a rapport au voyage de *Davis* en 1587. Voyez le numéro 3 du *Discours*.

4

publiquement aux Indiens qu'ils vont être délivrés de l'esclavage,
et qu'ils auront une pleine liberté de conscience, il pourroit en
arriver que plusieurs et même tous, se joignissent à eux. De cette
façon ils pourroient se fortifier par des châteaux dans toute la mer
du Sud ; et nous étant impossible d'y envoyer du secours par un chemin facile, ils en deviendroient immédiatement les maîtres: et quand
bien même nous ne serions pas sûrs (comme nous devons l'être, car
je l'ai vu moi-même) que par ce détroit on entre dans la mer du Sud,
toutefois l'Espagne devroit se l'approprier et le fortifier, du moins
jusqu'à ce que, par de nouvelles recherches, on puisse se persuader
que la navigation en est impossible, et se tranquilliser sur les
dangers que je viens d'exposer.

VIII. Or puisque je dois traiter de cette navigation, et de la
manière dont on doit fortifier le détroit, il est nécessaire, que j'indique la route qu'il faut tenir, la situation et les ports qu'on trouve
dans ces endroits, et que j'y ajoute la narration de mon voyage.
En commençant par la navigation, on n'a qu'à faire attention à
l'instruction que je vais donner, par laquelle il paroit, que tout
bon mâtelot sera en état de suivre la même route.

IX. On part d'Espagne, et l'on suppose de Lisbone (a). De là
l'on met la proue au Nord-Ouest pour l'espace de 450 lieues.
L'on arrivera ainsi à 60.° de latitude boréale, où l'on aura la vue
de Frislande anciennement appelée *Thyle* (b). Cette Isle est assez
grande ; mais non pas autant que l'Islande. Quand on a reconnu la
Frislande, on prend la route d'Ouest, navigant toujours sur le 60.°,
pendant 130 lieues de chemin jusqu'à la terre de Labrador, à l'en-

(a) Voyez la Planche I. où tout le voyage est marqué par des points.

(b) Il n'est pas encore bien décidé quelle étoit la *Thule* ou *Thyle* des anciens.
Selon *Maldonado* ce n'est pas l'Islande, mais la Frislande, dont nous parlerons
dans le *Discours* au numéro 38. *Buache*, qui croit trouver la Frislande dans les
Isles de Féroë, croit reconnoître *Thule* dans *Diulo*, petite Isle la plus septentrionale de la carte des *Zeni*.

droit où commence le détroit de Labrador , dont l'embouchure a 3o lieues de largeur , et la terre du côté du Labrador , c'est-à-dire à gauche , est basse ; mais de l'autre côté du détroit elle présente des montagnes fort hautes.

X. Ces montagnes sont entre deux canaux, dont l'un se dirige au Nord-Est, et l'autre au Nord-Ouest ; et ici il faut abandonner le premier, qui se trouve à la droite de celui qui est tourné vers le Nord; car il est formé par quelques Isles , en faisant le tour desquelles on revient enfin dans la mer de Frislande : il faut donc mettre la proue au Nord-Ouest , et y faire un chemin de 8o lieues , jusqu'à ce qu'on parvienne à la hauteur de 64.° de latitude boréale ou peu moins.

XI. Ici le détroit change sa direction , et il faut mettre la proue au Nord , et naviguer ainsi pour 120 lieues , jusqu'à ce qu'on soit à 72.° de latitude boréale : alors la direction du détroit change une autre fois , et le canal porte au Nord-Ouest : dans ce canal on court l'espace de 90 lieues ; et l'on se trouve presqu'au 75.° L'on sort alors entièrement du détroit de Labrador ; qui , comme j'ai dit , commence à 6o.° et finit à 75.° ; sa longueur étant de 240 lieues , et formant trois coudes ou bras de mer assez longs , dont le premier et le dernier ont la direction de Sud-Est à Nord-Ouest , et celui du milieu du Sud au Nord. Sa largeur , dans les endroits , où il paroit le plus étroit , est de 20 lieues ; et où il est le plus large est de 40 lieues . On y trouve plusieurs ports , des cales , et des baies qui peuvent au besoin être bien utiles. Jusqu'au 73.° il y a des habitans, puisque nous vîmes quelques fois des hommes sur ses côtes.

XII. Quelques-uns sont surpris quand il m'entendent dire qu'on peut naviguer à une si haute latitude : mais je leur réponds, que les Anséatiques vivent à 72.°, et dans leur port, qui est celui de Saint Michel (a), chaque année on voit entrer de 5oo à 1000 navires de commerçans, qui doivent nécessairement s'élever jusqu'au 75.° pour passer de la mer de Flandres à ce port ; ce qu'on peut voir aisément sur une carte générale de ces contrées.

(a) A présent on l'appele *Archangel* dans la mer blanche.

XIII. Quand on est sorti de la bouche du détroit de Labrador, on commence à baisser (a) de la hauteur où l'on étoit, et on navigue à Ouest 1/4 de Sud-Ouest l'éspace de 850 lieues, après lesquelles on se trouve à la latitude de 71.° C'est dans cet endroit, que pendant notre voyage nous découvrîmes une terre très-haute (b), mais nous ne pûmes bien déterminer, si c'étoit la terre ferme ou une Isle. Cependant nous conclûmes que si c'étoit la terre ferme, elle devoit être jointe à la Nouvelle Espagne (c).

XIV. De la vue de cette terre, où de 71.° on tourne à Ouest-Sud-Ouest, et on navigue ainsi pour 440 lieues, jusqu'à ce qu'on touche le 60.° dégré, où l'on doit trouver le détroit d'Anian (d). De cette manière on fera la même navigation que j'ai faite, du moins de la Frislande jusqu'ici ; car je partis de la terre des *Baccalas* (e) à la recherche de cette Isle, parceque j'avois besoin d'habillemens, que j'ai pris effectivement dans une des petites Isles, qui sont autour d'elle, qu'on appele *Islandilles*, et qui sont au nombre de trois: mais une seule d'elles est habitée, et les deux autres ne servent que de pâture aux brebis de cette population qui est assez grossière, quoiqu'elle nous parût être chrétienne et catholique.

XV. Or, revenant à notre navigation, je suis d'avis, que lorsqu'on est sorti du détroit de Labrador, le chemin le plus sûr est de cotoyer toute la contre-côte de la Nouvelle Espagne (f), soit pour connoître quelle population y est, soit pour reconnoître les cales, et les lieux de rafraichissement pour les flottes qui devront naviguer dans cette mer.

XVI. Calculant sur la navigation que j'ai faite, il paroit qu'il

(a) C'est à dire : à passer à une moindre latitude.

(b) Probablement les montagnes de la mine de cuivre, vues par *Hearne*, ou les Isles de la baleine vues par *Mackenzie*.

(c) L'Amérique. On l'appela *Nouvelle Espagne* par un Décret R. après la conquête de Cortéz.

(d) Voyez le numéro 37 du *Discours*, où l'on justifie l'auteur sur cette erreur géographique.

(e) Nom donné par *Cabotta* à l'Isle de Terre-neuve. Voyez le *Discours* N. 2.

(f) C'est-à-dire : la côte septentrionale de l'Amérique.

y a de l'Espagne à la Frislande 460 lieues; delà au Labrador 180; du Labrador jusqu'au point où l'on sort du détroit 280 ; qui forment la somme de 920 lieues . En y ajoutant 790 qu'on doit parcourir depuis la bouche septentrionale du détroit de Labrador jusqu'au détroit d'Anian , nous aurons la somme de 1710 lieues , et telle est proprement la distance qu'il y a de l'Espagne au détroit d'Anian.

XVII. Lorsque nous sortîmes du détroit de Labrador , et c'étoit au commencement du mois de Mars, le temps étoit très-froid ; et par conséquent nous eumes beaucoup à souffrir par l'obscurité , pour le froid et la tourmente ; parceque le jour étoit très-court , dans tout le temps que nous navigâmes dans le détroit , et le froid était si grand que les eaux de la mer , qui rejallissoient sur le pavé , et sur les côtes du navire , y formoient une espèce de cristal , de façon qu'il falloit casser la glace qui grossissoit , de manière que quelque fois elle avoit plus d'un empan d'épaisseur.

XVIII. Ceux qui opinent que cette mer puisse se glacer entièrement sont dans l'erreur , parcequ'à cause de son étendue , des grands courans qui sont dans le détroit , et de grandes houlles , qui la tiennent toujours en mouvement , elle ne peut pas geler. Cependant sur les rivages , et dans les endroits où la mer est tranquille , je crois bien qu'elle pourra se glacer ; et je le crois d'autant plus que j'ai vu sur notre navire même se glacer l'eau qui rejaillissoit dessus , et sur les côtes. L'on sait , et il nous a été dit par les habitans des Islandes , que dans le détroit qui est entre la Frislande et le Groënland , la mer reste glacée pendant tout l'hiver, et même dans la plus grande partie de l'année , parcequ'elle est placée au milieu des grandes montagnes , et sur tout parcéque celles de Frislande étant très-hautes , ne laissent point de passage aux rayons du Soleil , et empéchent même ces combats des vents qui agitent les eaux (a) , de manière que leur calme les fait rester glacées , comme nous venons de dire , et que l'on ne peut pas y naviguer.

(a) Cette observation confirme l'opinion de Monsieur *Zurla* , qui soutient , contre *Van-Eggers* , *Buache* et *Forster* , qu'on ne doit chercher la Frislande ni dans les Orcades , ni dans Féroë , ni dans Faria , car elle n'auroit pas été divisée du Groënland par un détroit , ni ses montagnes pourroient empécher l'action du Soleil et des vents.

8

XIX. Lorsque nous fûmes de retour, dans le mois de Juin et partie de Juillet nous jouîmes d'une clarté continue ; de façon que quand nous parvînmes à naviguer sur le cercle arctique qui est à 66.° 1/2 de latitude, nous commençâmes à ne perdre jamais de vue le Soleil que nous ne vîmes jamais descendre sous l'horizon, jusqu'à ce que nous ne fûmes pour la seconde fois au milieu du détroit de Labrador. Pendant que le Soleil restoit continuellement au dessus de l'horizon, l'air étoit si chaud, que nous eumes à souffrir autant de chaleur qu'on n'en a pas de plus forte en Espagne (a). Cependant quand nous restions exposés au Soleil, ses rayons ne nous incommodoient pas beaucoup ; parceque nous avions toujours les vents ouverts du Nord, avec lesquels nous sortîmes aisément et bien vîte du détroit de Labrador. Il est vrai aussi que les grands courans, effet de la marée, aident beaucoup soit pour y entrer, soit pour en sortir, quoique les vents soient contraires, et par conséquent, puisque les vents du Nord soufflent sans cesse, quand on va vers ce point (ce qui arrive à ceux qui vont d'Espagne au détroit d'Anian) il faut se prévaloir de la marée. Voilà ce qui suffit pour la direction de la route qu'on doit tenir dans cette navigation, et pour les accidens auxquels on peut s'attendre.

XX. Le détroit que nous découvrîmes à 60.° de latitude boréale, et à 1710 lieues de l'Espagne, paroit être celui que par une ancienne tradition les Cosmographes dans leurs cartes appelent *Détroit d'Anian;* et si c'est une vérité que ce détroit existe, il doit nécessairement avoir d'un côté l'Asie, et de l'autre l'Amérique : ce qui résulte de ce que je vais dire. Lorsque nous fûmes sortis du détroit pour entrer dans la grande Mer (b), nous navigâmes en cotoyant l'Amérique pour l'espace de cent lieues et plus encore, ayant la proue au Sud-Ouest, jusqu'à ce que nous nous trouvâmes à 55.° de latitude boréale, et dans toute la côte que nous parcourumes, nous ne vîmes ni aucune

(a) Voyez le numéro 37 du *Discours.*

(b) Au seizième siècle on donnoit le nom de grande mer à l'Océan pacifique. *Voyez Pigafetta. Primo viaggio,* et dans la Planche des Isles de la mer du Sud, pag. 55.

population , ni aucune ouverture , qui fût indice d'un détroit , par lequel , passant de la mer du Sud à celle du Nord , cette partie de terre fût isolée , et nous en conclûmes que toute cette côte appartenoit à l'Amérique . Nous nous en éloignâmes , et nous vîmes aussitôt , qu'elle se prolongeoit vers le Sud ; et ayant mis la proue à l'Ouest , nous fîmes route pendant quatre jours avec le vent de côté , de façon que nous pouvions calculer notre chemin à 30 lieues par jour : et ayant , selon ce calcul et la carte que nous avions sous les yeux , parcouru l'espace de 120 lieues , nous découvrîmes une très-grande terre et de grandes chaînes de montagnes , avec une côte longue et continue , de laquelle nous nous tînmes éloignés comme il convenoit à notre objet . Nous naviguions ainsi loin de terre , tantôt au Nord-Est , tantôt au Nord-Ouest , et tantôt au Nord ; mais en général il nous parut , que nous allions de Nord-Est à Sud-Ouest.

XXI. Nous ne pûmes pas connoître les choses particulières de cette côte , parce-que , comme je viens de le dire , nous étions fort loin de terre : je puis seulement affirmer , que le pays est peuplé , parce-qu'en plusieurs endroits nous vîmes des hommes (a) , et par conséquent , suivant la bonne Cosmographie , nous jugeâmes que ces terres étoient celles des Tartares ou du Catay , et nécessairement nous avions , à la distance d'un petit nombre de lieues , la grande Ville de Cambalu (b) , qui est la métropole de la grande Tartarie. Enfin , suivant la même côte , nous nous trouvâmes une autre fois dans le détroit d'Anian , duquel nous étions sortis quinze jours auparavant pour entrer dans la grande mer , que nous reconnûmes être la mer du Sud , où il y a le Japon , la Chine , les Molucques , l'Inde et la nouvelle Guinée avec la découverte du Capitaine Quiros (c) , et toute la côte occidentale de la Nouvelle Espagne et le Pérou.

XXII. Dans la bouche du détroit , par laquelle on entre dans la mer du Sud , il y a du côté d'Amérique un port capable de contenir 500 navires , quoique dans quelqu'endroit il ne soit point

(a) Probablement les Kutskois vus par tous les navigateurs.
(b) Pekin. Voyez le numéro 41 du *Discours*.
(c) La nouvelle Hollande.

tranquille , et soit de mauvais mouillage à cause des courans qui , au tems de la marée , allant du Nord au Sud et entrant dans le port , vont avec beaucoup de force dans une baie du port même , ouverte vers le Nord , et y forment un tourbillon . Nous jugeâmes qu'aucun pied humain n'avoit jamais touché à ce port , parce-que dans un endroit il y a un étang , au bord duquel on trouva une infinité de coques d'œufs des oiseaux marins , qui font leur ponte au bord de la mer ; et nous jugeâmes que ces coques y avoient été portées par les courans du Nord : le nombre en étoit si grand qu'elles y formoient une espèce de muraille , ou de digue de la hauteur de plus d'une *vara* (a) , et de huit pas de largeur . Il y a dans ce pôrt une rivière d'eau douce assez large et profonde , pour que nous pûmes y entrer avec notre navire , et pour qu'un vaisseau de 500 tonneaux (b) pût même y entrer . La plus grande partie du port a un fond de sable , particulièrement à l'endroit de la rivière , et dans le lieu même où vont battre les courans . Du côté du Nord il y a une baie garantie des vents par des rochers à pic , hauts de plus de deux perches , au dessus desquels il y a une plaine longue et étroite environnée par la mer , mais attachée à la terre du côté de l'Est . Dans cet endroit on pourroit établir une population considérable ; et pour le présent y bâtir un fort qui seroit de grande importance .

XXIII. La terre , où est ce port et qui fait partie du continent, est un pays bien agréable : il y a des plaines très-étendues du côté dé Sud-Est , environnées d'une colline , où l'on trouve du rômarin. Ces plaines étant défrichées pourroient devenir de belles campagnes labourables et des prairies , pouvant pour la plus grande partie être arrosées . Car il faut savoir que , quoique cette terre soit à 59.° de latitude boréale , toute-fois elle jouit d'une température agréable , parce-que toute la partie qui est du côté du Sud , est à l'abri et garantie par les montagnes qui sont du côté du Nord . D'ailleurs

(a) La *Vara* des Espagnols réponde à-peu-près à un mètre Français.
(b) La Tonneau est ordinairement équivalent à 42 pieds cubiques.

le froid de l'hiver ne doit pas y être bien rigoureux , mais modéré à en juger par les espèces de fruits qui s'y trouvent. Il faut en outre considérer que cette terre , quoiqu'à une haute latitude, ne peut pas manquer d'être bien habitable , puisque plusieurs autres pays sont habités à la même latitude , tels qu'Édinbourg en Écosse , les parties septentrionales de la Suède , Haxfélia et Riga de Livonie , Dublin d'Ibernia et Nidrosie de Norvège , ainsi qu'une grande partie de la Moscovie , et plusieurs autres terres . Dans ce pays le jour le plus long de l'été est de 18 heures et demie ; et la nuit la plus courte est de 5 heures et demie ; et de la même durée est le jour le plus court de l'hiver.

XXIV. Au bord de la rivière qui entre dans le port , et plus bas , près d'une autre rivière au Sud-Est , il y a beaucoup d'arbres fort hauts : plusieurs produisent de bons fruits dont quelques-uns ressemblent à ceux d'Espagne , et d'autres , qui ne nous étoient point connus , avoient différentes formes . Pour éviter le danger qu'on auroit pu courir en les mangeant , j'ordonnai à l'équipage de ne manger aucun fruit inconnu , qui n'eût été auparavant mangé ou becqueté par les oiseaux ; ce qui donneroit lieu à conjecturer que le fruit ne pourroit alors faire de mal aux hommes . Tous les fruits que nous trouvâmes étoient séchés sur les arbres , où ils étoient restés de l'année précédente , parce-que quand nous arrivâmes , et dans tout le temps de notre séjour dans cette contrée , c'est-à-dire , pendant les mois d'Avril , de Mai et d'une partie de Juin , les fruits de l'année n'étoient pas encore mûrs . Par les fruits qui s'étoient conservés d'une année à l'autre sur les arbres , nous eûmes motif de conclure que l'hiver n'y avoit pas été bien rigoureux . On y trouva des ceps de raisins sauvages , et dans quelques endroits , particulièrement dans une vallée formée par la rivière inférieure , (a) qui est d'une température très-douce , on trouva des *Lechies* , fruit des Indes bien savoureux , qui naît dans les lieux tempérés.

(a) Probablement la rivière *Kaveren* dessinée sur la carte de *Billing*.

XXV. Du fond du port, regardant entre le Nord et l'Est, dans tout ce quart de boussole, il y a des montagnes, qui, sans être bien hautes, ne sont pas aisées à monter, et qui abondent de toute espèce de gibier. On y trouva des perdrix, des lapins, et une espèce de Cerfs gris (a), tachetés de blanc et de noir, ayant les cornes assez étendues et palmées, que cependant quelques-uns n'avoient point. On vit deux espèces de cochons. Les uns ressembloient, quoique plus grands, à ceux des Indes qui ont le nombril sur le dos, et les autres étoient semblables aux plus gros cochons d'Espagne. On y trouva quelques buffles et d'autres animaux; mais on n'en vit aucun qui fût féroce. La mer y est très abondante en poissons, et tous les crustacées, qu'on appèle aussi fruits de mer, y sont très bons et savoureux, quoique beaucoup plus gros que ceux que nous connoissons; car on prit des écrévisses de la longueur d'un demi *vara*, tandis que sur nos côtes elles ne sont pas plus grandes que la main. La terre située vis-à-vis du port, qui fait partie de l'Asie ou de la Tartarie, présente des montagnes très-élevées, et dans quelques unes des plus hautes la neige s'y conserve l'année entière, principalement celle exposée au Nord; et elles sont si escarpées, et si raboteuses et si remplies de précipices, qu'il paroît impossible d'y pouvoir monter. Les arbres sont en grande partie des sapins, dont les forêts s'étendent jusqu'au bord de la mer.

XXVI. Sur la même côte d'Asie, en face de l'entrée du port, il y a un étang d'eau de mer, où l'on voit une grande étendue remplie de joncs qui végètent dans l'eau même, et auprès duquel nous trouvâmes le lieu le plus poissonneux de tous ces pays-là. C'est-là que nous tuâmes une grande quantité de poissons assez gros, dont quelques-uns nous étoient connus, comme les *coriunes*, congres, soles et autres semblables, mais plus gros que ceux qu'on trouve ailleurs. Quelquefois nous vîmes le passage des grands poissons, qui de la mer du Sud alloient à celle du Nord; et nous

(a) L'original est ici fautif. On y lit *conejos sobre lo parde depintas blancas y negras, et en los cuernos mas grandes palas*. Il est évident que le nom y a été omis et que probablement il veut indiquer les Rhennes ou les Daims.

y vîmes des baleines , des narvals et autres monstres marins d'une grosseur énorme ; et , à notre avis , la raison de ce passage étoit , que au retour de la belle saison , ils fuyoient les eaux chaudes du Sud pour jouir des eaux fraîches de la mer du Nord.

XXVII. Le détroit a quinze lieues d'étendue , et par conséquent on le passe et on en sort dans le tems d'une marée qui dure six heures ; et les marées sont ici excessivement foibles. Dans toute son étendue il fait six tours ou angles , et les deux embouchures , par lesquelles on y entre et on en sort , sont l'une vis-à-vis de l'autre, Nord et Sud. L'embouchure du côté du Nord a moins d'un demi-quart de lieue de largeur , et des deux côtés il y a deux rochers coupés perpendiculairement ; mais la roche qui est du côté de l'Asie est plus haute et penche davantage sur la mer , de manière qu'au dessous d'elle on se trouve à couvert, et que si quelque chose tomboit d'en haut , elle ne tomberoit pas au pied de la montagne . L'embouchure qui met dans la mer du Sud auprès du port a plus d'un quart de lieue de largeur , et on voit au milieu du détroit un grand rocher, ou islot qui a à-peu-près la hauteur de trois stades ; sa forme ronde a environ deux cent pas de diamètre . Cet islot est à peu de distance du continent d'Asie , et cet espace, à cause des bas-fonds et des écueils , n'est navigable qu'au moyen de quelques bâteaux ; mais l'espace qui est entre l'islot et la terre-ferme du côté de l'Amérique, quoiqu'il n'ait pas tout-à-fait un demi-quart de lieue de largeur , offre un canal profond, où deux et même trois navires peuvent passer de front. Ses bords sont bas , et on pourroit y bâtir et élever des forts qui rétréciroient le canal jusqu'à la portée des coups de mousquet. Sur le même islot , et sur les bas-fonds de l'autre côté , on pourroit aussi construire des forts qui , étant garnis d'artillerie , serviroient à défendre le détroit , qu'on pourroit même fermer par une chaîne , si les courans n'y étoient pas si forts : ce qui seroit de la plus grande importance ; je pense pourtant que l'industrie pourroit réussir à former une chaîne assez forte pour résister aux courans.

XXVIII. La disposition du détroit est telle , qu'avec trois

seules sentinelles placées l'une vis-à-vis de l'autre, on pourroit découvrir les vaisseaux à la distance de 3o lieues dans la mer du
Nord, et au moyen des feux donner avis aux forts et aux châteaux du port, des navires qu'on découvriroit, afin de leur défendre le passage, s'ils étoient ennemis, et ayant dans le port
deux navires toujours prêts pour cet objet, on pourroit leur couper
le chemin entre les deux boulevards, ce qu'on auroit bien le
tems de faire, puisque ceux qui veulent passer sont obligés d'attendre la marée. Ces navires les arréteroient pendant que les canons
des forts les couleroient à fond, et cela n'arriveroit pas moins quand
même il se présenteroit plusieurs vaisseaux ennemis en même tems,
car ils ne peuvent passer que deux ou trois à la fois, comme je l'ai
dit plus haut, et ils sont obligés de passer entre les forts à cause
des bas-fonds.

XXIX. Si l'on craignoit des vaisseaux venans du côté du Sud
(c'est à quoi nous ne devons pas penser à présent) le détroit ayant de
ce côté deux hauteurs près du fort, l'une en Asie et l'autre en Amérique, l'une vis-à-vis de l'autre, on y placeroit des sentinelles qui
découvriroient chacune dans la côte opposée tous les vaisseaux venant
du Sud, et au moyen des précautions dont j'ai parlé, on fermeroit
le détroit aux ennemis pour ne le laisser ouvert qu'aux Espagnols qui
pourroient y naviguer en sûreté, et jouir de tous les grands avantages, que cette navigation promet, car je doute, qu'il y aît dans
toute la terre connue un port, qui ait comme celui-là une communication facile avec toutes les parties du monde, puisque d'ici
l'on peut naviguer par tout; on peut aussi prévoir qu'avec le temps
ce pays deviendra très riche et très peuplé.

XXX. On connoit avec difficulté l'embouchure du détroit du
côté du Nord, parce-que toute sa côte va de l'Est à l'Ouest, et les
deux parties, qui forment le détroit, entrent l'une dans l'autre, et se
couvrent réciproquement, de façon qu'en entrant, et dans le premier
détour en allant du Nord-Est au Sud-Ouest, on ne voit pas la
mer qui est au Sud du détroit; et c'est par cette raison, qu'il n'y
a pas long temps que ce détroit a été trouvé, parce-qu'il est caché.

Effectivement quand nous y arrivâmes, nous fûmes dans ces lieux quelques jours sans le connoître, quoique nous fussions déjà entrés dans cette côte guidés par une assez bonne rélation de *Jean Martinez* Maître Pilote, qui étoit un Portugais natif d'Algarve, homme très vieux, de beaucoup d'expérience ; mais les signaux des montagnes que je pris ensuite, pour pouvoir y faire une seconde navigation, si j'en aurai l'occasion, y manquoient.

XXXI. Puisque donc nous savions qu'on devoit trouver le détroit à 60.° de latitude boréale, la côte étant dans cet endroit très-étendue de l'Est à l'Ouest, nous fît rester en doute. Il paroissoit au Pilote qu'il s'en falloit encore plus de cent lieues, avant que nous fussions dans le détroit, selon la mesure de la hauteur prise dans sa route ; mais il me paroissoit à moi que nous y étions déjà, ce qui étoit en effet ; car étant allé avec une chaloupe cotoyer le rivage, le même courant me fît entrer dans le détroit, et ainsi je le reconnus. La raison, par laquelle je crus d'y être arrivé, et d'y être entré, furent les grands courans que j'y trouvai qui venoient de terre, parceque quelquefois, notre vaisseau se tenant de travers assez loin de la côte, nous nous trouvions très près d'elle, et quelquefois nous en étions très éloignés.

XXXII. Parmi les montagnes qui sont près du détroit, on voit un rocher blanc très élevé du côté de l'Asie. Ce rocher coupé verticalement et inaccessible, a dans sa plus haute pointe trois grands arbres bien séparés les uns des autres (a). Aux deux côtés de ce rocher les montagnes offrent la perspective de deux sillons très profonds. A une lieue de l'embouchure du détroit du côté de l'Ouest, il y a un rocher haut et nud environné par la mer, qui au temps de la basse marée paroit n'être éloigné de terre que d'environ trois perches (b). Du côté de l'Est de l'embouchure du détroit, on trouve une belle et grande rivière d'eau limpide environnée d'arbres ; et c'est là que nous nous arrêtâmes à faire eau, parce-qu' il y a au milieu une baie avec deux grands rochers pointus.

(a) Voyez la Planche IV. E, et Planche V.
(b) Voyez la Planche IV. D.

A une lieue avant d'arriver à la rivière, dont nous venons de parler, il y en a une autre, qui manque d'arbres. Les montagnes de l'Asie, vues de la mer du côté Nord, sont très hautes et couronnées de forêts, dont presque tous les arbres sont des sapins : au contraire celles de l'Amérique sont très basses et les arbres y sont petits, mais nous n'avons pas pu en connoître les fruits, ni d'un côté, ni de l'autre.

XXXIII. Dans le port, où nous jettâmes l'ancre, qui, comme nous venons de dire, est dans la mer du Sud, nous restâmes depuis le commencement d'Avril, jusqu'à la moitié de Juin. A cette époque nous vîmes venir de la mer du Sud pour entrer dans le détroit un grand vaisseau de 800 tonneaux, ce qui nous fit mettre en armes ; mais, nous étant reconnus réciproquement pour des voyageurs pacifiques, les mâtelots eûrent la bonté de nous donner quelques unes des marchandises de leur cargaison. Ils en avoient beaucoup, et toutes, ou du moins la plus grande partie, autant que nous avons pu le voir, ressembloient à celles qui nous viennent de la Chine, comme brocarts, soies, porcelaines, plumes dans de grandes caisses : ils avoient aussi d'autres effets de valeur, comme des pierres précieuses, des perles et de l'or. Ces gens nous parurent être des Moscovites ou des Anséatiques, c'est-à-dire de ceux qui font leur séjour dans la baie de Saint-Nicolas, ou dans le port de Saint-Michel. Pour parler ensemble et nous entendre, nous fûmes obligés de parler latin, langage que nous savions aussi bien que plusieurs d'entr'eux. Ils nous parurent être chrétiens, si non catholiques, du moins luthériens. Ils disoient qu'ils venoient d'une ville assez grande, éloignée du détroit d'un peu plus de cent lieues, et il me paroît (quoique je ne me ressouvienne pas bien de son nom) qu'on l'appeloit *Robr*, ou d'un nom semblable, qui avoit, disoient-ils, un très-grand port, et étoit sur une rivière navigable, et qu'elle appartenoit au Roi de Tartarie. Ils ajoutèrent qu'ils avoient laissé dans le même port une autre navire de leur pays. Nous ne pûmes tirer des notices ultérieures de ces gens-là, parce-qu'ils traitoient avec nous toujours avec peu de confiance, et beaucoup de circonspeetion, témoignant de la crainte de nous, et c'est par cette raison que nous nous séparâmes bientôt : et les ayant laissés près du détroit, et dans la mer du Nord (a), nous prîmes la route de l'Espagne. Il est bien probable, que ce navire appartînt aux Anséatiques, parce que comme ils séjournent à 72.° de latitude boréale, il leur est aisé de passer le détroit, et faire la navigation dont il s'agit.

XXXIV. Après avoir fait un détail suffisant de ce qu'il y a de de plus remarquable dans cette navigation ; après avoir fait connoître la disposition du lieu, et la manière de le fortifier ; et en même tems les avantages qu'en retireroit l'Espagne, et les malheurs qui pourroient lui en arriver, si elle le négligeoit, il convient que j'expose ce que devra faire celui qui sera chargé de cette entreprise, afin de l'exécuter le mieux possible ; car je me flatte de donner ainsi une preuve de mon zèle pour le bon service de Sa Majesté notre Souverain. = Il faut premièrement construire trois vaisseaux: le vaisseau capitaine sera de 150 tonneaux, et les deux autres chacun de 100 tonneaux. Ces vaisseaux doivent être construits de façon à être formés, pour ainsi dire, d'une quantité de grandes caisses, séparées les unes des autres, et capables de contenir l'eau, selon le dessin et les instructions qu'on donnera en son temps. Par ce moyen on n'a pas à craindre que le vaisseau soit jamais submergé, quoiqu'il fût troué sur le fond, parce que le tout étant bien calfaté, l'eau ne rempliroit que la caisse correspondante au trou, et elle n'entreroit pas dans les autres parties. Par conséquent, quand même le vaisseau recevroit une bombarde (b) entre deux eaux, la mer ne pourroit jamais entrer par ce trou au point de l'engloutir. L'expé-

(a) Il paroît que ce vaisseau, tournant à gauche après être sorti du détroit, ait cotoyé la Sibérie, et que par conséquent Deschnew n'ait pas été le premier qui ait fait ce voyage.

(b) Boulet de canon.

rience m'a prouvé l'utilité de cette invention dont j'ai fait l'essai sur le même navire avec lequel j'ai fait le voyage dont je viens de parler. Il faut que les vaisseaux aient les cotés doubles, c'est-à-dire, qu'ils doivent être doublés; et les côtes doivent être bien près les unes des autres. Il faut y attacher les planches avec des clous assez longs, aigus à la pointe et très larges dans la tête qui doit avoir la forme d'une plaque. Un vaisseau construit de cette manière peut aller aisément à la bouline contre le vent; et si dans un temps orageux il se trouve par malheur près de terre (position la plus périlleuse) il pourra s'en tirer aisément forçant de voiles. Et quand même il auroit le malheur de toucher sur un bas-fond (ce qui peut aisément arriver à ceux qui naviguent dans des mers inconnues), il ne risqueroit pas d'être submergé, parce que ayant le fond plat, il pourroit s'en délivrer à force de grandes voiles, se remettre à flot, ou être aisément secouru par les vaisseaux qui naviguent de conserve. Il est aussi important que chaque vaisseau ait deux bâteaux ou chaloupes, dont l'une soit parfaitement fournie de tout le nécessaire; et que l'autre puisse aisément être mise en état de suppléer à la première, si par malheur elle venoit à périr.

XXXV. L'Auteur donne ensuite une note bien détaillée de toutes les personnes (c'est-à-dire, des pilotes, des mâtelots, des soldats etc.) qui doivent former l'équipage des trois vaisseaux, des provisions nécessaires de biscuit, farine, vin, viande salée, et même des épiceries et des médicamens, calculant le prix de chaque article en particulier. J'ai jugé à propos de ne pas traduire tout ce détail minutieux, qui ne peut ni instruire ni amuser le lecteur. = La valeur de tous ces articles, *continue-t-il,* formeroit la somme de 46737 ducats; et voilà tout ce que peut couter l'expédition des trois navires que je propose; à cela près que j'omets quelques articles de peu de valeur. Mais on doit d'ailleurs faire attention aux grands avantages qu'on retireroit, et aux pertes qu'on éviteroit par cette entreprise. Ajoutez à cela que par ce moyen, sans usurper ce qui appartient à d'autres, nous ne ferions que nous emparer de ce que d'autres occuperoient, si nous ne les prévenions pas; et si l'étranger

s'en met en possession, il deviendra maître et seigneur de ce que
l'Espagnol a découvert et conquis. On doit aussi faire attention
que si cela malheureusement venoit à arriver, les meilleures pré-
mices de notre Sainte Réligion, c'est-à-dire, les ames des Na-
turels Indiens, retomberoient dans les mains du démon ; parce que
ceux qui cherchent à exécuter cette navigation, appartiennent à
une secte méchante et perverse (a)... Qu'on ne me dise pas, comme
je sais qu'on le débite, que Sa Majesté n'a point d'argent pour faire
cette dépense ; parce que quand bien même cela seroit vrai, il con-
viendroit plus au gouvernement d'y employer une partie de ses biens
et de ses terres, et il lui seroit bien plus avantageux d'en consommer
une partie à présent, que de s'exposer à ce que l'ennemi se saisisse
du tout. Enfin quelque seroit le risque auquel Sa Majesté exposeroit
son argent, Elle risqueroit toujours moins que celui qui seroit chargé de l'expédition ; car étant moi-même homme de mer, je connois
très bien toutes les fatigues et les périls auxquels il seroit exposé.

(a) *Les Anglois et les Hollandois considérés comme hérétiques.*

DISCOURS

1. Lorsque les Portugais, après avoir doublé le Cap de Bonne-Espérance, firent voile pour les isles Molucques, détruisant le commerce des Italiens et de l'Orient : lorsque *Colomb*, croyant d'aller directement par l'Ouest aux isles des aromates, découvrît l'Amérique pour les Espagnols; et que *Magellan*, doublant la pointe australe du nouveau continent, alla aux mêmes isles, objet de rivalité des nations commerçantes : ces nations conçurent alors l'idée, le désir et l'espérance de trouver un chemin plus court pour se rendre dans les mers du Nord, étant toutes plus voisines du pôle Arctique que de l'Antarctique. Leur espoir étoit fondé, non seulement sur l'analogie et la probabilité de trouver la mer du Nord semblable à celle du Sud, mais plus encore sur les rapports faits à différentes époques. La renaissance des lettres avoit fait examiner les géographies et les histoires de *Strabon*, de *Ptolomée*, de *Pomponius Mela*, de *Pline*, de *Plutarque*, de *Solinus* et d'autres; qui font mention des peuples hyperboréens vivans dans un climat, où pendant six mois de l'année le Soleil brille sur l'horizon, et où la nuit dure autant : on avoit lu attentivement les rélations de *Pithoeas de Marseille*, qui, 338 ans avant l'ère vulgaire, avoit navigué au Nord de cette Thule, où durant quelques jours de l'été le Soleil ne se couche point: et les croniques des peuples septentrionaux qui rapportoient les navigations des mâtelots de Norvège au delà du cap-Nord l'an 730; des Suédois dans l'Islande, des Normands à la Frislande, et au Groënland l'an 834; des Danois à l'Estotiland et à Vinland, ou Terre de Labrador en 1001, et des Vénitiens *Zeni* et *Quirini*, qui furent redevables aux tempêtes et à leurs naufrages d'avoir parcouru les mers du Nord au XIV siècle.

2. Il est probable que l'italien *Christophe Colomb* n'ignoroit pas les aventures de ses compatriotes, lorsqu'en 1477 il alla cent milles au delà de Thule, qu'il crut être la Frislande, et il est à remarquer qu'au mois de Février il ne trouva pas la mer glacée à 73.° de latitude boréale (a). Tous les voyages de ses concitoyens étoient sans doute connus à *Jean Cabotta* vénitien (b), lorsque peu de tems après la découverte de l'Amérique il fit à la Cour d'Angleterre le projet d'aller par le Nord dans l'Océan, qui sépare l'Amérique de l'Asie. Il partit effectivement avec ses trois fils en 1497, et il alla au Banc de Terre-Neuve, qu'il appela *Terra de'Baccalai* à cause de la quantité de poissons ainsi nommés à Vénise (c), qu'il vit dans ces parages (d). L'Angleterre, soit en raison de ses circonstances politiques, soit parce que dans ce temps-là on ne donnoit une importance aux découvertes, qu'autant qu'on y trouvoit de l'or, négligea ces spéculations jusqu'à la moitié du siècle suivant, lorsqu'on établît une société pour la recherche de pays nouveaux, sous la présidence de *Sébastien Cabotta* fils de *Jean* qui avoit servi long temps l'Espagne.

3. Après cette époque les Anglois se sont beaucoup occupés de la navigation dans la mer du Nord pour passer de ce côté à l'océan pacifique, où l'on savoit que les Espagnols faisoient un commerce très lucratif; mais l'intérêt privé, à ce qu'il paroît, en opposition avec l'intérêt public, fit échouer toutes les tentatives (e). *Villougby* alla en 1553 à la Nouvelle-Zemble, et y périt. *Borrow* envoyé après lui en 1556, ne fut pas plus heureux. *Forbisher* en 1570 prit la route du Nord-ouest, reconnut la Frislande, où avoient été les *Zeni*; il rencontra les courans, qui à cause de leur direction vers

(a) *Vita di Cristoforo Colombo scritta da Don Ferdinando suo figlio. Capo IV.* On doit cependant croire que *Colomb* s'est trompé sur la latitude, n'ayant alors que des instrumens nautiques fort imparfaits. Voyez le numéro 35.

(b) *Hector Ausonius* (dont nous parlerons au numéro 17) dit que *Jean Cabotta* fut le premier qui s'apperçut de la déviation de l'aiguille dans la boussole. Voyez son Traité sur la Nautique dans les MSS. marqués R. 99 et 105 de notre Bibliothèque.

(c) *Gadus Morua* L.

(d) *Petri Martyris de Angleria. Novus Orbis.* Dec. III. pag. 234. Ed. Paris 1587.

(e) Voyez le numéro 27.

le Nord , firent imaginer aux anciens Géographes qu'il existoit un gouffre où se jettoient toutes les eaux des rivières (a); mais effrayé par les glaces qu'il rencontra , il ne poursuivit point sa route. *Davis* en 1587 trouva entre le Groënland et l'Amérique un détroit auquel il donna son nom , il entra dans la baie de Disco , il essaya d'enfiler un canal qui portoit à l'Ouest , où il vit aller une grosse baleine , indice d'une mer ouverte ; mais l'insubordination des mâtelots , plutôt que les glaces et les vents du Nord , le forcèrent à abandonner cette entreprise. *Lumley* en 1593 naviga dans le même détroit que l'on dit à présent si rempli de glaces qu'il n'est plus navigable , et n'alla point au delà. *Georges Weymouth* entreprit la même navigation en 1594 ; et il est à remarquer , qu'après avoir voyagé au milieu des isles stériles qui sont au Nord de la Terre de Labrador , il entra dans un canal qui avoit 40 lieues de largeur et il en avoit déjà parcouru cent lieues dans sa longueur, lorsque les circonstances le contraignirent à retourner dans la Mer-Atlantique (b). *Hudson* en 1610 , trouva aussi un détroit , peut-être le même , qu'il suivit , et après plusieurs détours , il entra dans une grande baie qui porte encore aujourd'hui son nom. *Hudson* observa aussi que le canal avoit à-peu-près 20 lieues de largeur, il y vit de beaux arbres; il y rencontra des courans ; et par la marée qui venoit du Nord-ouest , il jugea que la mer étoit ouverte de ce côté-là ; mais *Hudson* , trahi et abandonné par son équipage , s'arrêta dans la baie et y périt misérablement. *Baffin* en 1614 , pour trouver le passage d'une mer à l'autre , alla au Spitz-Berg , il parcourut en 1616 le détroit de Davis , et retourna en Angleterre , portant la nouvelle de la découverte qu'il venoit de faire d'une baie beaucoup plus au Nord , et plus étendue que celle d'Hudson , mais fermée de tous

(a) Ces courans ou fleuves tendans au gouffre du pôle arctique, sont indiqués dans le grand planisphère en bronze du feu Card. Borgia , et sur la Planche I. de la Géographie d'*Urbain Monti*. Voyez Planche II. numéro 1.

(b) *Forster. Hist. des Découvertes , et des Voyages faits dans le Nord.* Vol. 2. pag. 8. C'est dans cet ouvrage que j'ai souvent puisé les notices des navigations au Nord.

cotés, et par conséquent il affirma que par-là il n'y avoit point de passage pour aller à la mer Glaciale. Nous verrons (au nnm.27) qu'on ne l'a pas toujours cru sur sa parole. Il est à remarquer qu'à cette époque on avoit formé en Angleterre une Compagnie de Négocians, à laquelle on avoit accordé le commerce exclusif de l'Amérique Septentrionale. Le gouvernement lui enjoignit en même temps de chercher le passage de la mer Atlantique à la Pacifique par le Nord; mais il ne fit pas attention alors à l'intérêt qu'avoit la compagnie même d'empêcher qu'on ne pût jamais naviguer librement dans les régions où s'étendoit son privilège. Il paroît, que c'est par cette raison qu'aucun navigateur ne remporta le prix considérable promis par le gouvernement à ceux qui iroient d'une mer à l'autre par la mer Glaciale (a). *Cluny* cependant paroît y avoir réussi en 1745; mais nous verrons (b) combien de tracasseries il eut à essuyer, lorsqu'il voulut publier son journal. Le célèbre *Cook* et son successeur *Clerke* prenant la route opposée pour venir de la mer Pacifique à l'Atlantique, réussirent à dépasser le détroit d'Anian, mais dans une saison trop avancée, et les glaces les contraignirent de le repasser bien vîte sans faire le tour, qui étoit l'objet de leurs voyages. *Phipps*, depuis Lord *Mulgrave*, fut un des plus hardis navigateurs anglois; il se proposa d'aller au même détroit, en s'approchant du pôle autant qu'il lui fut possible; mais les glaces le repoussèrent dans la mer Atlantique. *Vancouer*, *Meares* et autres cotoyèrent ces régions, et découvrirent des isles et des baies, mais ils n'allèrent jamais d'une mer à l'autre par la mer Glaciale.

4. Lorsque les Hollandois, aidés par la France, réussirent à se soutraire au sceptre de Philippe II. Roi d'Espagne, ils songèrent à étendre leur commerce, et ils entreprirent aussitôt d'aller à la mer Pacifique, et aux isles qui enrichissoient l'Espagne et le Portugal par la mer Glaciale. *Gérard De Vera* a publié le journal (c) bien

(a) Voyez le numéro 27.
(b) Voyez le numéro 19.
(c) Diarium Nauticum, sive Descriptio trium Navigationum etc. Amstelodami 1797.

intéressant des navigations qu'ils firent en 1594 par le Nord-est
dans la mer Glaciale : navigation qui n'aboutit alors qu'à découvrir
la Nouvelle-Zemble, et une partie des côtes de la Sibérie. Cependant par le dessein que nous a donné le même *De Vera* des côtes
du Nord, et par quelques autres notices qui n'ont jamais été publiées (a), il paroît qu'effectivement à la fin du seizième siècle
quelques vaisseaux Hollandois sont allés de la mer Atlantique à la
Pacifique par le Nord-est. Que si ensuite les navigateurs de cette
nation paroissent avoir abandonné cette route, c'est parce qu'étant
devenus les maîtres du Cap de Bonne-Espérance, ils alloient à la
mer Pacifique plus commodément par le Sud, où les glaces ne
troubloient jamais leur navigation. Il leur suffisoit d'avoir au Nord
la pêche des Cétacées ; et d'ailleurs la Compagnie des Indes avoit
intérêt qu'on ne prît pas cette route (b).

5. La France eut aussi le projet de chercher un passage par le
Nord pour aller à l'océan pacifique, et ce fut dans cette vue qu'elle
expédia le florentin *Verazzani*. " Il est à remarquer, dit *Forster* (c),
„ que c'est toujours des Italiens que l'on s'est servi pour faire
„ des découvertes, car aucune nation ne les égaloit pour les con-
„ noissances qu'exige la marine ". Cependant *Verazzani* dans les
deux voyages qu'il entreprit, n'alla qu'à Terre-Neuve ; et dans le
second voyage, étant entré dans le fleuve de Saint Laurent, il y
périt, ou du moins on n'en eut plus aucune nouvelle. En 1619 le
navigateur *Scotto* Génois adressa à Louis XIII le projet de la navigation dont il s'agit, et ensuite Henri IV goûta un projet de la même
nature, mais nous n'en savons pas les suites. De nos jours les navigateurs François, et entre autres le malheureux *Lapeyrouse*, ont
visité le Nord-ouest de l'Amérique, mais ils n'ont pas été au
détroit d'Anian.

(a) Voyez le numéro 21 et 22. Il y a, dit le Géographe *Buache*, des relations
des Voyages dans la mer Glaciale dans les archives de la Compagnie Hollandoise
des Indes, qu'elle a supprimées. *Mém. de l'Acad. des Sc. pour l'an* 1754.
(b) Voyez le num. 27.
(c) Ce projet a été imprimé en Italien et en François à Anvers en 1626.

6. On a prétendu que ce fut le Portugais *Cortereal* qui a découvert le détroit qui sépare l'Asie de l'Amérique en 1500, et qu'il lui donna le nom d'Anian ; nom de famille de deux frères qui étoient avec lui ; mais par la rélation du voyage de Cortereal on voit que ce Navigateur a connu au commencement du XVI siècle , non le détroit ensuite appelé de Béring, mais celui qui est au Nord de la Terre de Labrador , par lequel en 1610 passa *Hudson* et qu'il donna son nom au pays qui est au Nord du même détroit ; nom qu'on voit dans les cartes de *Mercator* et d'*Hortelius*. M. *Sprengel*, qui en 1795 a publié , avec une savante dissertation (a), une vieille carte de toute l'Amérique alors connue , dessinée en 1529 par *Diego Ribero* Géographe de l'Empereur Charles V, est d'opinion que les noms de Détroit d'Anian , et de Royaume d'Anian, ne se trouvant point sur la carte de *Ribéro*, et se lisant sur celle de *Mercator* qui publia son planisphère en 1570 , aient été donnés à ces lieux dans les 40 ans qui se sont écoulés entre une époque et l'autre ; mais il n'a pu lire nulle part le nom de celui qui a trouvé le premier ce détroit. Cependant, de ce que dans les plus anciennes cartes où il est dessiné on lit *El Streto de Anian*, il a conjecturé que ce nom lui ait été donné par un Italien (b). *Engel* (c) est de la même opinion par la même raison. Mais quoique nous ne connoissions pas précisément la part qu'ont eue les Portugais à la découverte de ce détroit, il est très probable que notre *Maldonado* soit parti de Lisbonne pour le chercher quand il alla passer l'hyver à la Terre de Labrador, et il est certain que dans sa navigation, il avoit pour guide une carte nautique dessinée, où une rélation écrite par *Jean Martinez* vieux pilote Portugais (d). Nous parlerons

(a) *Uber D. Ribero's alteste Charte etc. Von. M. E. Sprengel.* Weimar 1795.

(b) Nous verrons aux numèros 17 et 18 , combien il est probable que ce nom, d'origine Tartare ou Chinoise , ait été donné par *Marco Polo* Vénitien , d'autant plus qu'il est du dialecte Vénitien, et non du véritable Italien.

(c) Extrait des Voyages au Nord. Pag: 87.

(d) Ce pilote géographe a dessiné plusieures Cartes marines. Il y en a une à l'Acad. Imp. de Turin citée par l'ill. écrivain de la vie de Colomb M. *Napione* ; et j'en ai vu une faite à Messine par le même en 1586 dans la bibliothèque du feu Card. Borgia à Rome ; mais aucune de ces cartes ne s'étend jusqu'à la mer Glaciale.

au numéro 45 de *Melguer* qui au siècle suivant, alla du Japon à Lisbonne par la mer Glaciale.

7. Après que *Magellan*, ou plutôt son vaisseau monté par *Pigafetta*, eut achevé le tour du Globe en 1522, on s'apperçut par le rapport du petit reste de la flotte et de l'équipage, que la navigation aux Molucques par le Sud-ouest de l'Amérique étoit bien longue et dangereuse ; et l'on songea aussitôt en Espagne à chercher un passage par le Nord-ouest. *Etienne Gomez*, rival et ennemi de Magellan, quoiqu'il eût perfidement abandonné avec son vaisseau l'escadre de ce capitaine général (a), obtint cependant en 1524 quelques vaisseaux du Roi pour chercher le passage en question ; mais il paroît par l'ancienne carte de *Ribera*, dont nous venons de parler, qu'il n'a pas été au delà du 50.ème dégré ; car c'est à cette latitude qu'on lit *Tierra de Estevan Gomez*. *Ulloa et Cortez*, après lui, ont cherché envain le même passage. Par l'histoire, et plus encore par les cartes d'*Acosta* (b), nous voyons que les Espagnols ont été au détroit d'Anian au commencement du XVII siècle ; mais nous ne savons pas les circonstances ni les suites de la découverte. On a dit, que le Grec *Jean de Fuca*, étant au service de l'Espagne, étoit allé en 1592 de la mer Pacifique à l'Atlantique, et l'on marque encore sur les cartes nautiques le détroit, par lequel il prétendoit être passé, mais, quand même son voyage ne seroit pas une fable, il est certain qu'on n'y crut pas : et il paroît que la même chose étoit arrivée à *Maldonado*, qui, effectivement l'avoit précédé de quatre ans. On crut aussi fabuleux, sans doute avec plus de raison, le voyage de *Barthélemy Fonte* en 1640 (c). Dans le dernier siècle quelques navigateurs Espagnols ont été destinés à faire la même recherche sans en venir à bout ; et entre autres le Marquis de *Malaspina* a été envoyé tout exprès en 1789 avec deux corvettes pour chercher le passage de *Maldonado*, et il n'a trouvé, dit-il, que des culs-de-sac. Nous parlerons au long de ce voyage au numéro 40 et suivans.

(a) *Pigafetta*. Premier Voyage etc. pag. 37.
(b) *Engel*. L. c. pag. 8e.
(c) *Engel*. L. c. pag. 118 et 133.

8. Les Russes pouvoient avoir plus que les autres nations de l'intérêt et des moyens pour chercher ce passage ; et ils le connurent peut-être avant tous les autres ; mais si l'on en excepte le témoignage de notre *Maldonado*, qui dit d'avoir rencontré dans le détroit un vaisseau, qu'il crut appartenir aux Russes (a), on n'a aucune connoissance bien positive de leurs navigations par la mer Glaciale avant le voyage de *Deschnew* en 1648, voyage dont le journal resta inconnu même à la Cour de Russie, jusqu'au temps de *Béring*, qui donna son nom au détroit, en supprimant celui d'Anian (b). Dans les ouvrages de *Coxe*, de *Muller* et d'autres cités par *Forster* et par *Cook*, on peut voir ce que firent les Russes pour cet objet. La grande Cathérine II voulut qu'on continuât les recherches, dont elle sentoit l'importance ; mais par tout ce qui a été publié nous voyons qu'on a bien vérifié l'existence du détroit ; mais qu'on n'a pas réussi à faire préférer la navigation par la mer Glaciale à la route par terre qu'on fait dans la Sibérie, quoiqu'il soit démontré que les navigateurs Russes, venant des embouchures des grandes rivières de la mer Glaciale, soient allés au Kamschatka par le détroit d'Anian. Nous parlerons de *Billing* au numéro 26.

9. Tout ce que je viens de dire est bien propre, je l'avoue, à faire naître des doutes sur la véracité de la Rélation de *Ferrer Maldonado*. Comment, dira-t-on, si ce voyage a eu effectivement lieu, est-il resté presque inconnu jusqu'à nos jours ; et ignoré sur tout de ceux qui à la moitié du siècle dernier ont disputé sur la possibilité de cette navigation ? Comment *Maldonado* a-t-il réussi à faire ce voyage, que les navigateurs les plus ingénieux et les plus intrépides, et même les Nations les plus puissantes ont envain projeté et tenté ? Et enfin la *Rélation* de *Ferrer Maldonado* s'accorde-t-elle avec la géographie et les rapports des navigateurs, qui ont tenté ou fait ce voyage après lui ? Voilà, à mon avis, les argumens qui peuvent faire soupçonner que la Rélation que je viens

(a) Voyez au numéro XXXIII. de la Rélation précédente.
(b) Hist. génér. des Voyages. Tom. XXII. pag. 288. Edit. de Hollande.

de publier ne soit apocriphe et fabuleuse comme tant d'autres ; et ce sont ces argumens qu'il faut examiner sans esprit de parti.

10. Avant tout il faut remarquer que le Manuscrit, dont il est question , ne contient pas le journal de la navigation ; mais il est évident que l'auteur avoit sous les yeux , ou savoit bien par coeur son journal, lorsqu'il écrivoit son mémoire qui n'est qu'un projet présenté au Conseil de Lisbonne (pendant que le Portugal n'étoit qu'une province de l'Espagne), qui dirigeoit tout ce qui avoit rapport à la marine, et aux Indes. *Maldonado* dans son mémoire , après avoir exposé les avantages qui en viendroient à la monarchie d'Espagne et à la Réligion , si les sujets de Sa Majesté Catholique alloient directement aux Philippines par le Nord-ouest, et les maux bien grands qui en résulteroient, si ses ennemis, nombreux alors , pouvoient aller aux Indes par la mer Glaciale , indique au Conseil la route qu'on doit parcourir pour y parvenir, et par quels moyens on peut fermer cette route aux autres nations . Pour mieux tenir l'ordre géographique dans l'indication de la route à suivre , il fait le détail de ce qu'il a vu lorsqu'il fit ce voyage en 1588 , et de ce qui arriva à lui et à ses camarades dans les différens endroits , où il passa en navigant, et où il fit quelque séjour. Il fait voir combien cette navigation est facile entrant au Nord de la Terre de Labrador dans un détroit assez étendu, (qui paroît être celui qu'ensuite on a appelé d'Hudson) et qui porte tantôt au Nord et tantôt au Nord-ouest ; en sortant du détroit on se trouve , dit-il , dans la mer ouverte (la mer Glaciale) dans laquelle on fait une plus longue navigation vers Ouest, jusqu'à ce que la côte tourne à Sud-ouest, où après quelques centaines de lieues , on passe le détroit d'Anian, (depuis appelé de Béring) formé d'un côté de la pointe d'Asie , et de l'autre de la pointe d'Amérique , au-delà duquel on trouve à gauche la côte occidentale de l'Amérique même , et à droite la côte orientale de l'Asie. Il raconte comment il a fait ce voyage , et dans quel temps de l'année ; nous laissant cependant ignorer avec quel projet et avec quels moyens il l'a entrepris ; et il nous dit aussi qu'il a rencontré dans le même détroit un navire qui, venant de

la Chine, s'en retournoit chargé des marchandises de l'orient dans les ports de la Russie, ou de la mer Blanche (a). Enfin pour obtenir plus aisément l'approbation et l'exécution de son projet, il expose en détail combien il falloit de matelots et de soldats, combien de navires et de bateaux étoient nécessaires, et de quelle manière ils devoient être construits ; de quelles munitions de bouche et de guerre, et de quels habillemens on avoit besoin ; et il calcule même la dépense qui devoit être bien modique en comparaison des profits qu'on devoit en retirer. Son mémoire, écrit avec la plus grande naïveté et simplicité de style, inspire la plus grande confiance.

11. Après avoir cherché envain quelque notice de cette Rélátion dans les Collections des voyages, j'ai fouillé les Bibliographes Espagnols, et j'ai trouvé précisément ce que je cherchois dans la *Bibliotheca Hispana* de Nicolao Antonio (b), où je lus que = *Laurent Ferrer Maldonado, ayant entrepris la carrière de la milice, s'occupa des études qui étoient propres d'un militaire, et il mérita bien de l'art nautique et de la géographie. Il écrivit un livre qu'il intitula* = Imagen del Mundo sobre la Esfera, Cosmografia, y Geografia, y Arte de navegar. Compluti ap. Joannem Garsiam 1626 in 4.° = Relacion del discubrimiento de l'Estrecho de Anian hecho por el Aùtor =, *Rélation* (continue le Bibliographe) *que je vis écrite à la main chez don Jérôme Mascaregnas Chevalier des Ordres Royaux militaires, ensuite Sénateur du Conseil de Portugal, et à*

(a) L'Auteur, pour mieux faire connoître et sentir les avantages de son projet, a ajouté quatre petites cartes à son mémoire. (Voyez les Planches III. IV. V.) Dans la première (Planche III.) il présente tout le globe terrestre en deux hémisphéres qui ont les poles pour centre ; et il marque, par des points, tant la route qu'on tenoit alors, et qu'on tient encore, allant aux isles Philippines par l'isthme de Panama, que la nouvelle route qu'il projete par la mer Glaciale, et le détroit d'Anian. Dans la seconde (Planche IV. N. I.) il représente la vue du même détroit du côté Nord. Dans la troisième (Planche IV. N. II.) la même vue du côté Sud. Dans la quatrième (Planche V.) il a représenté le plan du détroit même. Ces dessins n'ont pas à la vérité l'exactitude des bonnes cartes marines ; cependant je les ai fait copier scrupuleusement, afin que le Lecteur, en les comparant avec celles qui représentent les mêmes régions (Voyez les Planches I. et II.) puisse juger si on doit les croire imaginaires.

(b) Pars II. Tom. II. pag. 3.

présent Évêque de Ségovie. L'auteur écrit d'avoir fait cette expé-
dition en 1588. Il fut, à ce que rapporte Antoine de Léon dans sa
Bibliotheca Indica, du nombre de ceux qui firent espérer à nos
Sénateurs qui dirigeoient les affaires des Indes, de trouver une
boussole, ou un aimant qui ne fut point sujet aux variations or-
dinaires, et la méthode de déterminer par le moyen de certaines
mesures et observations, les dégrès de longitude dans la navigation,
mais le résultat ne répondit point aux peines qu'on s'est données
ni aux dépenses qu'on a faites. On voit par le témoignage de *Ni-*
colao Antonio, que non seulement la *Rélation*, dont je viens de
donner la traduction, est l'ouvrage authentique de *Laurent Ferrer*
Maldonado, mais aussi que ce navigateur étoit instruit dans la
géographie et dans l'art nautique. Il est vrai qu'*Antoine de Léon*
le met au nombre de ceux qui se vantoient de construire une boussole qui ne fût point sujette aux variations, et d'avoir trouvé la
méthode de déterminer les longitudes en mer, et qu'il n'y réussit
pas ; mais on ne doit point en être étonné en réfléchissant, que
même aujourd'hui, malgré tous les progrès de la mécanique, de la
physique et de l'astronomie, on n'a pas encore réussi à construire
une boussole qui eût cette qualité ; et que ce n'est qu'avec beaucoup de difficulté et de travail qu'on est parvenu à déterminer les
longitudes en mer.

12. On peut aisément conjecturer que le Manuscrit de la Rélation de *Maldonado* étoit parvenu aux mains de l'Évêque de Ségovie lorsqu'il étoit Sénateur au Conseil des Indes. Mais je ne
trouve aucun renseignement pour savoir, ni même conjecturer,
comment ce Manuscrit est parvenu au fondateur de notre bibliothèque. J'observe cependant que l'écriture est celle de la fin du
siècle XVI, ou du commencement du XVII ; et je conjecture qu'il
ait été écrit à Milan, parce que le papier a le filigrane du Pélerin ;
marque qu'on voit fréquemment sur le papier de cette époque. Le
code est écrit en langue Espagnole ; mais il y a très souvent de
fautes d'ortographe, qui proviennent sans doute du copiste (qui a
transcrit à la hate un écrit qui ne devoit pas être connu) plutôt

que de l'auteur. Quelquefois même il y manque des mots nécessaires à l'intelligence de la narration. C'est à quoi j'ai tâché de suppléer; mais seulement autant qu'il en étoit besoin pour donner un sens à la phrase.

13. Le Journal du voyage de *Maldonado* auroit été sans doute beaucoup plus instructif et plus intéressant que sa Rélation présentée au conseil des Indes; mais si ce Journal est enseveli dans les archives de Madrid (a), il faut en accuser la loi qui contraignoit tous les navigateurs à remettre leurs journaux au ministère de la marine, d'où ils ne sortoient plus, parce que la Cour d'Espagne mettoit le plus grand empressement à cacher soigneusement aux autres nations les découvertes que ses sujets venoient de faire; et elle y a si bien reussi, dit *Delisle*, qu'aujourd'hui les Espagnols les ignorent eux mêmes (b). Il est pourtant à espérer que le changement des rapports politiques et des opinions fera ouvrir les archives, et tirer de la poussière les écrits, qui, augmentant la masse des connoissances et des vérités, diminuera les maux tant physiques que moraux. Alors on trouvera probablement le Journal entier du voyage de *Maldonado*, qui n'en a donné que le résultat en abrégé dans sa Rélation.

14. Après tout ce que je viens de dire sur l'authenticité de notre Manuscrit, voyons s'il y a des bonnes raisons, qui puissent nous faire soupçonner que le voyage de *Maldonado* soit supposé et fabuleux — Toutes les nations maritimes, dit-on, ont cherché dans tous les temps le moyen de passer de la mer Atlantique à la mer Pacifique par le Nord, sans qu'elles y ayent jamais pu réussir: l'on

---

(a) " Ce voyage (dit le Duc d'*Almadover*, qui publia sous le nom anagrammatique d'*Eduardo Malo de Lucque* l'histoire politique des Établissemens ultramarins) „ n'est point imprimé, et le Manuscrit en a été enterré dans la poussière „ des archives subissant le sort de plusieurs autres, soit par négligence, soit par „ les principes adoptés par notre Gouvernement dans les temps mystérieux ". Tom. IV. pag. 584.

(b) Histoire générale des voyages. Tom. XXV. pag. 173. *Forster*. L. c. Tom. II. pag. 311. Que si *Pigafetta* a pu conserver son journal que j'ai publié, c'est qu'on l'a respecté comme un gentilhomme du Nonce au service du Pape.

n'y va pas même à présent, malgré les grands avantages que cette
route paroît offrir —. Pour répondre à cette objection j'observerai
en premier lieu, qu'il n'est pas bien démontré qu'il y ait un avantage à naviguer par le Nord, plutôt que par le Sud pour passer
d'une mer à l'autre. M. Le-Gentil (a) a prouvé le contraire, en
faisant voir qu'à cause des vents, de l'obscurité et des glaces,
ceux qui voyagent par le Nord sont contraints de passer plusieurs
mois dans les ports et dans les baies ; ce qui n'arrive pas à ceux
qui naviguent vers le pôle antarctique ; et qui par conséquent, selon
lui, parviennent plutôt au bout de leur voyage, quoique par un
chemin plus long. En second lieu, quand même j'accorderois qu'on
ne fait pas ce voyage à présent, peut-on en conclure qu'on ne l'ait
jamais fait, et qu'il soit d'une exécution impossible ?

15. Il pourroit bien être arrivé que les glaces, les terres charriées par les fleuves, ou quelqu'autre bouleversement eussent fermé
des passages autrefois ouverts. On sait que le froid augmente dans
les pays septentrionaux; et sans nous en rapporter à la théorie de *Buf-
fon*, ni aux observations historiques de *Bailly*, ou géologiques de
M. *De la Métherie*, nous le savons par le rapport des voyageurs
sur la végétation qui diminue sensiblement, comme l'ont observé
ceux qui ont comparé l'état actuel des terres boréales avec celui des
siècles précédens (b). Le Groënland qui veut dire *Terre verte* a reçu
son nom de l'aspect verdoyant qu'avoit cette isle quand on la découvrit pour la première fois. La tradition des habitans, et mieux
encore les arbres souterrains qu'on trouve amoncelés en Islande
avec leur feuilles, prouvent que dans cette isle la végétation avoit
autrefois une vigueur qu'elle n'a plus (c). Les Normands au siècle XI
appelèrent *Vinland* la Terre de Labrador à cause des vignes qu'ils
y trouvèrent, et nous savons qu'à présent dans ces terres chaque
hyver augmente les glaces, et y affoiblit ou détruit la végétation,

(a) Mémoire de l'Acad. R. des Sciences pour l'an 1772.
(b) *Mallot*. Introd. à l'histoire de Dannemarc. Ch. XI.
(c) Voyage fait en Islande par ordre du Roi de Dannemark, en plusieurs endroits des cinq volumes de la Trad. Française.

et que le bled et les raisins n'y mûrissent plus. *Hearne*, qui en 1770 parcourut à pied le Nord de l'Amérique, de la baie d'Hudson à la rivière de la Mine de cuivre, apprit des indigènes qui l'accompagnoient, que la glace gagne tous les ans vers le Sud, et que les forêts quelques années auparavant s'étendoient vingt milles plus au Nord que de son temps (a). Je pourrois citer pour exemple bien d'autres mers, qui, autrefois libres, sont à présent glacées ; mais on peut le lire dans *Muller* (b) et dans *Kant* (c). Quelque part aussi la profondeur de l'eau manque au point qu'un passage, navigable autrefois, ne l'est plus aujourd'hui, soit que la quantité d'eau ait diminuée, comme c'est l'opinion de *Celsius* (d), soit que les terres charriées par les rivières aient élevé le fond de la mer comme le prétend *Kant* (e). On le voit au détroit de Waigatz; et sans aller dans des pays éloignés, ne le voyons nous pas dans la mer Adriatique? Donc, accordant même qu'on ne peut plus naviguer aujourd'hui sur les traces de *Maldonado*, il ne s'ensuivroit point qu'on n'y ait pas navigué autrefois.

16. Mais est-il bien vrai que les glaces et les bas-fonds empêchent la navigation dans la mer Glaciale, et dans les détroits par lesquels on peut y aller? *Barrington* (f) a lu deux mémoires à la Société Royale de Londres, dans lesquels il prouve par des faits, tirés des journaux et des témoignages des navigateurs, que l'on peut naviguer jusqu'au pôle Boréal, ou du moins bien près. *Phipps* en 1783 s'éleva à 80.°; *Souter* en 1780 parvint au 82.°; et *Wiarth* en 1786 au 89.°, où il trouva des terres et un volcan en flammes. Par les cartes des Russes, dont *Cook* dit s'être servi pour la topographie du détroit de Béring, on voit que de l'embouchure de l'Oby, de l'Indigirka, et du Kolima on navigue à la baie d'Anadir, et l'on

(a) A Tourney from Prince of Vale's fort in Hudson 's bay, to the northern ocean ... for the discovery a north-uest passage, in the years 1769-70.

(b) Histoire générale des voyages. Tom. XXV. pag. 236.

(c) Geograf. Fis. Tom. I. en plusieurs endroits.

(d) Acta Acad. Holmiens. an 1743.

(e) Loc. cit. Tom. I. pag. 450.

(f) Philos. Transact. for year 1774. May. and. December.

sait que les Russes vont fréquemment de la mer Blanche à l'embouchure du Kolima (a). Dans la carte de *Staehlin* (b), où le voyage des Russes dans la mer Glaciale en 1764-67 est marqué par des points, on lit = *Route ci-devant fréquentée. Route des trois vaisseaux Russes en* 1748, *l'un desquels arriva au Kamschatka*. Le navigateur *Pagès*, quoiqu'il se trouvât souvent au milieu des glaces entre le 76.° et le 81.° de latitude boréale, non seulement s'en est tiré, mais il est d'opinion qu'il est une saison, où l'on peut aller de la mer Glaciale aux Indes ; et il dit d'avoir vu la mer ouverte à 81.° (c); le Rédacteur du XXV. volume de l'*Histoire générale* des voyages dit " qu'il est hors de doute, que les montagnes de glaces, ,, qui surnagent dans la mer du Nord, en rendent la navigation ,, difficile, mais cependant, beaucoup moins qu'on ne l'imagine ". Tout ce que nous venons de dire, regarde la route du Nord-est, qui est la plus longue pour aller de la mer Atlantique à la mer Pacifique. Par le Nord-ouest le chemin est beaucoup plus couit comme on le voit évidemment sur la carte des terres *circompolaires* ; et il paroît qu'en y navigant dans la bonne saison les glaces ne devroient pas y faire un obstacle ; car celles qui, suivant les rapports des navigateurs, entrent par la baie de refus dans la baie d'Hudson, où elles sont charriées par la marée qui vient du Nord et par les flots, prouvent en même temps et la communication de cette baie avec la mer Glaciale, et que cette mer n'est pas entièrement glacée; c'est ce qu'*Ellis* démontre aussi par le passage des baleines, cétacées qui ayant besoin de respirer, ne peuvent rester que quelques minutes sous la glace (d). Cette communication était connue au temps de *Varenius* (e), qui après avoir dit que les Géographes de son temps nioient l'existence du détroit d'Anian, opine qu'il doit y avoir un passage entre l'Amérique orientale et le Groënland, et un autre

(a) *Engel* l. c. pag. 10.
(b) Philos. Trans. for year 1774.
(c) Voyag. autour du Monde. Tom. II. pag. 228.
(d) Histoire générale des Voyag. Tom. XXII. pag. 212.
(e) Geographiae Gener. Propos. XII.

entre l'Amérique occidentale et la Tartarie ; et il le prouve par les observations des matelots qui avoient vu les flots et les marées venir de la mer Glaciale vers le Sud dans les océans Atlantique et Pacifique.

17. Malgré tout ce que je viens de dire sur la possibilité du voyage que *Ferrer Maldonado* raconte avoir fait, on auroit quelque raison de douter de sa véracité, si personne avant ou après lui n'eût jamais exécuté cette navigation. Mais il n'en est pas ainsi. Je rappelerai ici les recherches ingénieuses du savant M. *Déguignes* (a) qui, après avoir prouvé, par des notices tirées des anciens écrivains Chinois, que les navigateurs de cette nation, au cinquième et sixième siècle de notre ère, alloient cotoyant la Tartarie, jusqu'au Kamschatka, et que de là, parcourant les isles de l'Archipel boréal, ils se transportoient aux côtes de l'Amérique, conjecture, sur le témoignage du Juif *Benjamin de Tudèle* écrivain du douzième siècle, que les Arabes, qui en partant de l'extrémité orientale de l'Asie, naviguoient avec leurs vaisseaux à la mer *coagulée* (Nikpha), aient, par le détroit d'Anian, pénétré à la mer Glaciale. Ne pourroit-on pas ici donner quelque force de plus à la conjecture de M. *Déguignes* par ce que dit notre *Maldonado ,* et en même temps justifier celui-ci de l'apparente contradiction qu'on croit trouver dans sa Rélation ? Il dit (numéro XX.) " que „ par ancienne tradition les Cosmographes dans leurs cartes appelent „ détroit d'Anian " le détroit dont il s'agit ; et ensuite il dit (numéro XXX.) „ qu'il n'y a pas long temps que ce détroit a été „ trouvé, parcequ'il est caché (b) ". N'est-il pas probable que le nom d'Anian lui ait été donné par les Chinois, qui y naviguoient depuis plusieurs siècles ; et que la notice de ce nom ait été trouvée dans les anciennes cartes ou mémoires, sans que depuis on ait

(a) Recherches sur la navigation des Chinois. Mém. de l'Acad. des Inscript. et Belles lettres. Vol. 28. pour l'an 1757.

(b) Voici ce qu'on lit dans l'original au numéro XX. *El estrecho que discubrimos parece segun tradicion antigua ser el que los Cosmografes nombran en sus mapas Estrecho de Anian ...* et au numéro XXX il dit : *y por esta causa no es muncho que se haya hallado de los que le enbuscado.*

songé à le chercher, ou sans qu'on ait pu le découvrir? " A la
,, Chine, dit *Hector Ausonius*, écrivain du seizième siècle peu connu, mais qui mérite bien de l'être (a) " il y a des hommes très
,, savans en géographie, et on y voit des dessins particuliers de leurs
,, provinces, et des cartes pour naviguer dans leurs mers; cartes,
,, dont on a aussi connoissance en Espagne, mais si la notice n'en
,, est point parvenue jusqu'à nous, la faute en est aux Souverains
,, qui nous la cachent pour de raisons sécrètes ". D'ailleurs, M.
le Professeur *Hager*, dont je parlerai tout-à-l'heure, m'assure que
le mot *Anian* peut bien être originairement Chinois, étant formé
de syllabes usitées parmi cette nation. *Kaempfer* écrit aussi qu'il
avoit vu au Japon une mappe géographique, dans laquelle au Nord
de Jesso étoit marqué un détroit avec deux pointes, auprès desquelles on voyoit une isle longue et des islots (b). J'ajouterai, que
nous avons dans notre bibliothèque ambroisienne un planisphère
Chinois imprimé sur papier de soie, où le même détroit se trouve
au Nord au milieu de la carte, et on y lit au dessus, selon l'in-
terprétation des mots Chinois = *Tableau général de tous les Ro-
yaumes :* à l'endroit même du détroit *Yanian ;* et à la pointe Nord-

(a) Cet écrivain a laissé beaucoup de Manuscrits autographes, dont aucun n'a
été publié, ni de son vivant, ni après sa mort. Tous ses ouvrages furent probablement achetés par le cél. *Vincent Pinello*, et vendus ensuite au Card. *Frédéric
Borromeo.* Le code, d'où j'ai tiré cette notice, est marqué D. 190. Par une de ses
lettres écrites en 1546, je vois qu'il s'appeloit *Ettore Ausonio Barocio ;* mais ensuite il fut connu simplement sous le nom d'*Hector Ausonius.* Il étoit de Padoue,
où il avoit une école. Il s'occupa beaucoup des mathématiques, de l'astrologie, et
de l'alchimie ; et en 1562 il alla à Rivoli, près de Turin, pour apprendre cet art
au Duc de Savoie. Il paroît avoir fait son étude plus particulière de la géographie;
et nous avons plusieurs de ses Manuscrits, dans lesquels il se propose de faire un
commentaire à la géographie de Ptolomée, et d'en corriger le texte. Par la Préface d'un ouvrage qu'il dédie à soi-même, faute d'avoir trouvé un Mécène, il
paroît que ses travaux littéraires ne lui apportèrent point de bonheur pendant sa
vie ; et il fut encore moins heureux après sa mort, s'il avoit compté sur la célé-
brité de son nom dans la postérité, parce que, quoiqu'il eût beaucoup écrit et
beaucoup voyagé, je n'ai pas trouvé un seul écrivain qui fît mention de lui.

(b) Voyez Hist. génér. des Voyages. Tom. XXII. pag. 313. *Buache* dans ses
Considérations géographiques et physiques nous a donné à la Planche VI. la carte
de *Kaempfer.*

ouest de l'Amérique, *Royaume de Yaniyan*. Le savant Interprète (a) me fit en même temps observer que ce planisphère, dessiné du temps de la Dinastie Ta-ming que les Tartares chassèrent du trône, lui paroît être l'ouvrage des premiers Jésuites qui allèrent à la Chine, et probablement du P. *Ricci*, qui à la fin du seizième siècle fit graver des cartes géographiques pour l'instruction des Chinois, comme nous dit le Jésuite *Trigault* (b). Mais quoique ce planisphère ne soit pas bien ancien, il paroît cependant fait à l'imitation des anciennes cartes géographiques des Chinois, qui non seulement pré-tendoient être la première nation de l'univers; mais qui encore, dans la persuasion que la Terre étoit un disque et non un globe, ont toujours eu l'orgueil de placer leur pays dans le centre, comme on le voit sur ce même planisphère. J'ajoûterai ici que cette ma-nière de former le planisphère terrestre a été portée en Italie, d'où elle s'est repandue dans l'Europe, par *Marco Polo;* car *Ramusio* (c) nous dit que ce voyageur célèbre avoit apporté du Cataio une an-cienne mappemonde, dont s'est servi *Fra Mauro Camaldolese* pour dessiner la sienne en 1458.

18. Cette fameuse mappemonde de *Fra Mauro*, que son confrère M. *Zurla* vient de publier (d), nous offre un double mo-tif à pouvoir inférer que non seulement de son temps on con-noissoit, mais qu'aussi on exécutoit la navigation de la mer Gla-ciale: 1.° parce qu'on voit que dans le planisphère la mer entoure la terre par tout; ce qui s'accorde aussi avec l'opinion des Scandinaves rapportée dans l'Edda (e); 2.° parce qu'au Nord de la Russie et de la Sibérie, où il a placé la province de Permia, il a écrit. " Un ,, navire Catalan chargé de cuirs, parcourut de mon temps cette

(a) C'est M. *Hager*, ci-devant Professeur de langues éxotiques à l'Université de Pavie, et actuellement Bibliothècaire au palais R. des Sciences à Milan, qui me fit l'amitie de les traduire.

(b) De christiana expeditione apud Sinas ab Soc. Jesu suscepta. Lib. IV. C. V.

(c) Secondo Volume Pref. ai Viaggi di Marco Polo. Dichiarazione ec. pag. 17.

(d) Il Mappamondo di *Fra Mauro* descritto ed illustrato da D. *Placido Zurla*. Venezia 1806.

(e) *Mallet*. Hist. du Dannemarc. Fable IV.

,, mer , et pressé par la faim l'équipage mangea sa cargaison ''.
Engel dit d'avoir vu une carte du 1566 , où le détroit étoit dessiné ,
avec ces paroles *Stretto de Ánian* (a). Le Moine *Urdanietta* dit aussi ,
qu' il a vu le détroit d'Anian tracé sur une carte de l'an 1568 (b)·
Celui qui a donné le nom d'Anian au détroit entre 1530 et 1570,
qu' il fut un ancien Tartare ou Chinois, ou un navigateur Européen,
doit sans doute y avoir passé. *François Gualle* écrit d'y être allé
lui même en 1582 (c). Je ne parlerai point ici de *Jean de Fuca* ,
dont la rélation est suspecte ; mais s'il a fait la traversée d'une mer
à l'autre , il ne peut qu'être passé par la mer Glaciale . *Acosta* au
commencement du XVII. siècle , non seulement a décrit le détroit,
mais il nous en a donné la carte. Voyez le numéro 7. Il est sûr
que le Capitaine Russe *Deschnew* y passa on 1648 (d). On dit aussi
quoiqu' *Engel* en doute , que *Melguer* Portugais , en 1660 , étant
parti du Japon , cotoya la Tartarie , entra dans la mer Glaciale par le
détroit d'Anian , s'éleva jusqu'à 84.° de latitude boréale , et qu'ayant
passé entre le Groenland et le Spitzberg il retourna à Oporto sa
patrie (e). Quoique le célèbre géographe *Coronelli* dans sa grande
Mappemonde n'ait pas assez clairement dessiné le détroit d'Anian, il
en a écrit le nom au Nord-ouest de l'Amérique , en y ajoutant que
,, quelques navigateurs y passèrent, parmi lesquels un Espagnol (f) qui
,, à son retour présenta son journal au Roi, mais celui-ci bien loin de
,, l'agréer, le fit bruler ainsi que tous les autres papiers, dans la crainte
;, que les peuples du Nord en pussent avoir connoissance et s'en
;, prévaloir pour suivre cette route , en abandonnant celle du Sud ''.

19. Dans le siècle XVIII , sans compter ceux qui approchèrent
du pôle (g) , nous avons aussi des navigateurs de la mer Glaciale.
Le Capitaine *Cluny* Anglois alla en 1745 à cette mer par la baie de

(a) Loc. cit. pag. 87.
(b) *Forster* Tom. II. pag. 302.
(c) Ibid.
(d) Numéro 8.
(e) Numéro 45.
(f) Seroit-il *Maldonado* ?
(g) Numéro 3.

refus : à son retour il présenta la rélation de son voyage , où il dit qu'au delà de cette baie il a trouvé un canal étroit qui porte au Nord jusqu'à 68.° 3o′ de latitude boréale: ensuite on fait 2oo milles à l'Ouest sur le même parallèle ; après quoi l'on voit que la côte tourne au Sud-ouest. Persuadé d'avoir satisfait à la demande du gouve rnement il sollicita le prix qui avoit été promis , mais il ne put pas l'obtenir. On avoit cependant consenti qu'il publiât son voyage : mais la Compagnie de la baie d'Hudson trouva le moyen de l'en empêcher (a). Malgré cela son voyage est connu , car dans la carte qui sert au voyage que *Pound* fit en 1782 , on voit des- siné le détroit sous le nom de *détroit de Cluny* , dont l'ouverture au Nord est appelée aussi *baie de Cluny* (b). *Carver* qui en 1766- 68 voyagea par terre de la baie d'Hudson aux grands lacs , et dans les terres situées au Nord du Canada a dessiné dans sa carte (c) , au Nord de la baie de refus , un détroit ou canal, par lequel la mer Glaciale communique avec la baie d'Hudson , et y a écrit : *Passage par lequel on suppose que les Eskimaux viennent à la mer du Sud.* Il est donc probable qu'il ait appris des Eskimaux mêmes l'existence de ce passage. Je trouve aussi que le Capitaine *Uhlefeld* Danois en 1774 naviga par le Nord de la baie d'Hudson à la Californie (d). J'apporterai en dernier lieu le témoignage de M. *Mackenzie* , qui en 1789 fit par terre le voyage du fort Cypoïan sur le lac Atapescow à l'embouchure de la rivière Unigag , ou de la baleine dans la mer Glaciale. Il nous dit que cette mer ou baie est appelée par les in- digènes *Bellhoulai-Thou* , qui signifie *le lac où la mer de l'homme- blanc* ; et qu'on lui apprit , que ce nom fut donné par eux à cette mer , parce que plus d'une fois ils y virent arriver des vaisseaux, qui, montés par des hommes blancs , leur parurent aussi grands que des

(a) Voyez Hist. génér. des Voyages.Tom. XXII. pag. 3i3.

(b) Voyez Planche II. numéro 6 . où le canal et la baie sont dessinés selon la Mappe du voyage de Pound.

(c) Travels through interior parts of North-America. London 1778. La carte jointe à la traduction française n'est pas imitée de celle de l'original.

(d) Voyez *Forster* Tom. II. pag. 337.

islés, et qu'il y en eût un peu d'années auparavant (a). Dans la carte jointe à son voyage, l'auteur a écrit entre le Détroit de Davis et le cap Lisburn = *Mer glacée par laquelle peut-être l'on passe de l'océan Pacifique à la mer Atlantique.*

20. Tout ce que je viens de rapporter est tiré des journaux, ou des rélations imprimées de différens voyageurs; mais je peux ajouter des faits peu connus, et d'autres témoignages qui le confirment. Si l'on avoit le loisir et la patience de lire les vieilles chroniques des moines d'Angleterre et d'Allemagne, on trouveroit peut-être des notices importantes sur les mers et les pays du Nord et de l'Ouest; puisque nous savons que les moines, et particulièrement ceux de Brétagne et d'Écosse, entrainés par un désir immodéré de la solitude, s'embarquoient quelquefois, et s'abandonnoient à la merci des courans et des vents. La plus grande partie de ces trop zélés navigateurs ne revint point, et ceux qui revinrent, firent à propos de leurs voyages des pieux romans, qui, quoique le plus souvent denués de sens commun, n'en laissent pas moins entrevoir la vérité du voyage, et la connoissance ancienne des pays, que plusieurs siècles après on crut voir pour la première fois. Telle est la légende, ou *la vie de Saint Brandan,* que nous avons dans un Manuscrit en vieille langue vénitienne (b), sur *carta bambagina,* dans lequel à travers les contes monastiques on reconnoît les traces d'un voyage fait par *Frère Barintho* dans les mers d'Amérique au VI siècle; c'est de là qu'est venu que dans les anciennes cartes géographiques (c), et ensuite dans la fameuse Mappemonde de *Martin Behaim* (d), on voit l'isle de Saint Brandan entre l'Afrique

(a) Voyag. d'*Alex. Mackenzie* dans l'intérieur de l'Amérique sept. dans les années 1789-93. Tom. II. pag. 61. Trad. fran.

(b) Ce Manuscrit est marqué D. 158. En voici le commencement: *Misier san Brandan fiolo de Sinlochia nievo de Alchis de la sciata de Cogni de la partida de una contrada che ha nome Stagno se nasce in Tumeneso, e fo homo de gran penitentia et de abstinentia, e fo abado de mille moneghi o cercha, ect.*

(c) On voit cette isle avec le nom et la figure de Saint Brandan habillé en moine sur la carte dessinée par les frères *Pizzigani* en 1367, et commentée par M. *Pezzana* Bibliothéc. Imp. à Parme.

(d) M. *de Murr,* dont la Notice sur le Ch. *M. Behaim* a été jointe à ma traduction françoise du Voyage de *Pigafetta,* nous a donné la carte de cette mappemonde.

42

et l'Asie , à-peu-près à la place , où *Colomb* a trouvé neuf siècles
après les Antilles et l'Amérique. Ce n'est pas seulement à l'Ouest
que les moines de Saint Brandan ont navigué, mais ils ont été aussi
au Nord , car dans les planisphères d'*Abraham Ortelius* , et de *Gérard Mercator* , il y a deux isles de Saint Brandan , l'une à 11.° et
l'autre à 53.° de latitude boréale. La vie de Saint Maclovius (a) parle
de cette même navigation ; et on lit dans celle de saint Colombe
que l'an 565 le moine *Cormarus*, cherchant un lieu , où il pût entièrement vivre écarté des hommes , s'embarqua , et que se confiant au
vent du Sud , il fit , pendant quatorze jours, route vers le Nord , bien
déterminé à continuer sa navigation dans cette direction autant qu'il
lui seroit possible ; mais au quinzième jour le vent du Nord le
repoussa en Écosse. Une semblable navigation fut entreprise à-peu-
près à la même époque par un certain *Frère Beracho* , qui s'associa
quelques-uns de ses confrères ; à leur retour , ils racontèrent d'avoir
vu , chemin faisant , une si énorme baleine , qu'ils la crurent une
montagne (b).

21. Mais , sans m'arrêter aux conjectures que les contes monas-
stiques peuvent faire naître , je rapporterai ici des notices plus
sûres et plus récentes des voyages faits dans la mer Glaciale par le
détroit d'Anian. Notre *Maldonado* dans sa Rélation (num. XXXIII)
dit avoir rencontré en 1588, près du détroit dont il s'agit , un navire
venant de la Chine , qu'il jugea appartenir aux Moscovites ou aux
Anséatiques ; il ne parle point de son voyage comme d'une chose nouvelle dont il fût surpris ; et il ajoute que les mâtelots lui annoncèrent ,
qu'un autre vaisseau de la même nation les suivoit, et devoit arriver
incessamment dans ces parages. Donc la navigation de la mer Glaciale
par ce détroit n'étoit point une nouveauté ni une rareté. Le même
Maldonado dit, que son pilote, pour y aller , se guidoit d'après
une bonne rélation de *Jean Martinez* maître pilote portugais (num.
XXX), dans laquelle il ne manquoit que la description du détroit

<hr>

(a) *Mabillon.* Ann. benedictini. Tom. I. pag. 29.
(b) Florilegium insulae Hiberniae. Paris 1604. *Honorii Philoponi.* Nova typis
transacta navigatio novi orbis Indiae occid. Rev. PP. Monac. Ord. S. Bened. 1611.

pour qu'on pût le reconnoître. Par conséquent *Jean Martinez* avoit parcouru cette route, ou du moins il devoit avoir lu, ou entendu la rélation de quelqu'un qui y avoit été. On lit, à la vérité, dans le *Diarium Nauticum* de *Gérard de Vera* que quelques Hollandois se sont efforcés envain de passer de l'océan Atlantique à la mer Pacifique en faisant la traversée de la mer Glaciale; mais il paroît, d'après une lettre écrite d'Enchuisen en date du premier d'Octobre 1594 sur une navigation contemporaine, que les Zélandois plus heureux dans leur entreprise, ont réussi à passer le détroit d'Anian. M. le Chevalier *Morelli* Préfet de la Bibliothéque R. de S. Marc à Vénise, dont le nom est célébre dans la littérature, m'a fait l'amitié de m'envoyer une copie exacte de cette lettre marquée **C** parmi les Manuscrits *Nanniani* (qui font actuellement partie de la même bibliothèque) écrite ou traduite en italien. Elle contient la rélation des tentatives faites par plusieurs vaisseaux hollandois pour trouver une route qui conduisit, par le Nord, de la mer Atlantique à la mer Pacifique. Elle est ainsi intitulée: *Relazione delle nave d'Olanda, del passaggio scoperto dello stretto del mare settentrionale sopra la Norvegia infino all' oceano orientale sopra la Tartaria e la Cina all' altezza di gradi* 75. Le texte rapporte ,, qu'ils entreprirent ce voyage à l'aide des instructions de *Pierre* ,, *Plausius*, qui avoit lu les rélations des pilotes Anglois qui avoient ,, été dans ces lieux ". Après avoir fait la narration des dangers qu'ils avoient courus tant à cause des monstres marins, qu'à cause de la quantité énorme de glaces, il dit " qu'ils furent forcés d'al- ,, ler chercher la côte de Tartarie en navigant pendant huit jours au ,, milieu des glaçons qui s'élevoient de huit à dix brasses au dessus ,, de l'eau, et s'enfonçoient d'autant au dessous; qu'ils entrèrent en- ,, fin dans une gorge ou espèce de golphe, où ils trouvèrent une ,, isle ....; qu'étant ensuite descendus sur le continent, ils le trou- ,, vèrent fertile en herbes; et qu'ayant passé quelques jours entre ,, l'isle et le continent, un brouillard qui survint à la mi-août, fon- ,, dit toutes les glaces, comme si elles eussent été exposées à l'instant ,, à un feu souterrain. Alors ils poursuivirent leur route (con-

44

„ tinue le texte) pendant l'espace de 5o lieues , et ils trouvèrent la
„ mer vaste , bleue et sans fond , comme celle d'Espagne. Ce qui ne
„ leur laissa point de doute, que le passage ne fût ouvert; et si leur
„ commission avoit porté qu'ils dussent aller plus loin , et s'ils
„ avoient été suffisamment pourvus de vivres , ils auroient passé
„ jusqu'à la Chine. De cette manière on a trouvé (dit la fin de la
„ lettre) que cette partie n'est pas un continent ; mais que l'océan
„ environne de tous les cotés l'Europe , l'Asie et l'Afrique ". Il paroît que l'auteur de la lettre , qui n'est en général , ni assez clair , ni
assez exact , ait voulu conclure que l'Amérique n'est pas jointe à
l'ancien continent , mais que la mer l'en sépare absolument ; ce qui
étoit démontré par le passage du détroit d'Anian.

22. Dans le Traité de Géographie d'*Urbain Monti* manuscrit,
dont nous avons l'autographe dans notre bibliothèque (a) , on lit
page 36. " Les Hollandois en 1596 , étant dans la mer Blanche près
„ de la Nouvelle-Zemble , y laissèrent un vaisseau entouré de glaces.
„ Ils y retournèrent l'année suivante ; et s'étant approchés davantage
„ du pôle , ils passèrent le détroit d'Anian , et arrivèrent aux isles
„ Molucques , où ils s'étoient proposés de naviguer ". Le même
Géographe a fait graver le détroit dans sa planche troisième (b) ; et
il est , à peu de différence près , tel que l'ont dessiné l'auteur
d'une carte ancienne publiée par *Buache* (c) , et *Acosta* peu de tems
après lui. Près du détroit on lit = *Strecchio finora non ben scoperto
come i più vogliono ;* mais il est à observer que les planches d'*Urbain Monti* étoient gravées en 1590 ; et que la navigation des Hollandois , dont il parle , n'eût lieu qu'en 1507.

(a) Ce Manuscrit est un gros volume en fol. atlant. avec des planches en
taille-douce, disposées de manière à en former, en les joignant ensemble , un planisphère terrestre tres étendu. Voici le titre de l'ouvrage = *Trattato universale.
Descrizione et sito di tutta la Terra sin qui conosciuta , descritta da Urbano Mont
géntiluomo Milanese , e dallo stesso disegnata in sessanta due tavole graduate in
lunghezza e larghezza , conforme alla geografia di molti veridici si antichi che mo-
derni autori ec. scritto dallo stesso nell' anno 1590.* La date marque le temps dans
lequel il a commencé son ouvrage, parce que dans la suite on trouve dans le livre
même des dates postérieures , comme nous venons de voir. Ce code est marqué
A. 260.

(b) Voyez la Pl. II. num. 5.   (c) Considérat. Géograph. Pl. III.

23. Je joindrai ici deux autres témoignages contemporains tirés d'un de nos Manuscrits sur la navigation de la mer Atlantique à la mer Pacifique par le Nord (a). Le premier est une lettre d'*Agostino Santonino* Professeur à l'Université de Padoue, datée le 17 mars 1598. On savoit que quelques vaisseaux zélandois, l'année précédente, étoient allés de leur pays à la Chine et dans la mer du Sud ; et l'on s'addressa à lui pour savoir si la chose étoit possible. Il répondit par la lettre que je viens de citer. " qu'ils pouvoient y être ,, allés par quatre routes différentes : c'est-à-dire 1.º par le Cap de ,, Bonne-Espérance ; 2.º par le détroit de Magellan ; 3.º par le Nord-,, est, route que tiennent les Anglois et autres Navigateurs, qui, par ,, courant la mer du Nord, lorsque la glace ne les en empêche pas , ,, arrivent au Cataio. 4.º La dernière route pourroit être la suivante; ,, de Zélande on va vers l'Hibernia (Irlande) et à la *Terre de* ,, *Baccalai* (Terre-Neuve), où l'on dit qu'on a trouvé un détroit ,, qui s'étend au-de-là de l'immense océan Oriental. On dit que ce ,, détroit est assez au Nord ; mais, quand on en sort, on tourne à ,, gauche, et l'on continue ainsi la navigation jusqu'à ce qu'on ,, arrive aux isles, dont on vient de parler, et à la nouvelle Guinée, ,, après avoir dépassé la ligne équinoxiale. Notre ami M. *Michel Loch* ,, pourra vous donner sur ce détroit des renseignemens plus précis, ,, car il a, je crois, voyagé lui-même dans ces parages ". M. *Loch* ou *Loke*, dont il est question dans cette lettre, étoit sans doute cet Anglois, auquel, au rapport de *Hackluit* et de *Purchas*, le fameux *Jean de Fuca*, mécontent de la Cour d'Espagne, s'étoit adressé à Vénise ; en lui offrant de conduire les Anglois par la même route, moyennant une récompense de 60,000 ducats, qui ne lui fut point accordée alors, et qu'on auroit voulu lui offrir ensuite, mais trop tard, car il avoit cessé de vivre. Dans le même recueil Manuscrit il y a une autre lettre écrite à la même époque par un Missionnaire Jésuite au Général de son Ordre, dans laquelle après une courte description de son voyage de Rome à l'Amérique, à la Chine, aux Philip-

---

(a) La marque de ce code est Q. 115. C'est un recueil de plusieurs mémoires intéressans, que le cél. *Vincent Pinello* faisoit copier.

pines etc., il lui donne avis en même temps " que les hérésies
„ septentrionales (de Luther, Calvin etc.) se propagent dans ces
„ colonies, et qu'il est à craindre que les peuples du Nord ne dé-
„ couvrent le détroit, par lequel de la Terre de Labrador on passe
„ à la mer Pacifique; ce qui leur offriroit un chemin plus court pour
„ aller au Japon et aux isles Philippines ". Quoiqu' il soit vrai, que
ni le Professeur *Santonino*, ni le Jésuite Missionnaire ne parlent
d'aucune navigation par la mer Glaciale; néanmoins on peut inférer de leurs écrits, que l'on savoit déjà qu'il existoit au Nord un
détroit, par lequel on alloit de la mer Atlantique à la mer Pacifique. Ainsi puisqu'il est à présent reconnu, d'après les voyages de
Hearne, de *Mackenzie*, de *Lewis*, de *Pike*, de *Malaspina* etc.,
qu'il n'y a point de canal intérieur au Nord de l'Amérique, par
lequel on puisse naviguer d'une mer à l'autre, on doit conclure
qu'il s'agissoit alors de traverser la mer Glaciale, et les détroits de
la Terre de Labrador (c'est-à-dire, de la baie d'Hudson, ou de celle
de Baffin) et de Béring, qu'on appeloit d'Anian, ou de tenir la route
de Nord-est dans la même mer.

24. Je sais que les rélations de tous ceux qui se sont annoncés
pour avoir fait de semblables voyages ont rencontré beaucoup d'in-
crédules; mais si on se donne la peine de rechercher le motif de leur
doute, on trouvera après un examen réflechi, qu'il a été le plus souvent l'effet de l'intrigue de quiconque a eu intérêt à voir cette navigation supprimée ou ignorée des autres, ou qu'il a été volontaire-
ment suscité par l'amour-propre de ceux qui n'avoient point réussi
dans les tentatives qu'ils avoient faites de pareils voyages, ou qu'enfin il a pu même avoir eu sa source dans la jalousie des gens de lettres
qui n'ont pas les premiers reçu la notice pour avoir le mérite de la
publier. " Plusieurs anciens navigateurs, dit *Meares* (T. I. pag. 135),
„ dont on qualifioit jadis les rélations de contes ou de romans, sont
„ aujourd'hui reconnues n'être que les recits fidèles des vérita-
„ bles découvertes qu'ils avoient faites de nouveaux pays ". Non
seulement on mit en doute l'existence du détroit d'Anian, malgré
qu'on le vît dessiné sur toutes les cartes des anciens Géographes; mais

encore il y eût une époque ou on en nia ouvertement l'existence ; ce qui fit que *Guillaume Delisle* ne le marqua point sur ses cartes ; mais les Russes le placèrent de nouveau sur les leurs , et leur exemple fut suivi par les Géographes des autres nations , sur tout après que *Béring* y eut passé , et qu'on eût eu connoissance que *Deschnew* y étoit passé un siècle avant lui.

25. Je m'attends bien que l'on me demandera comment et pourquoi une navigation qui devoit abréger de beaucoup le chemin pour aller de la mer Atlantique à la mer Pacifique , et à tous les établissemens des Européens , soit dans l'Asie , soit dans la Polinessie , soit dans l'Amérique occidentale , a été négligée au point qu'on en ait perdu la trace , et qu'on en soit venu même à en nier la possibilité ? Afin qu'on ne soupçonne pas , que mon empressement à trouver véridique la *Rélation de Ferrer Maldonado* , me fasse imaginer , pour répondre à cette demande , des raisons peu fondées , je ne ferai que rapporter les opinions des écrivains , qui , étant très versés dans la géographie et dans l'art nautique , ont pu examiner et traiter à fond ce sujet. Pour ce qui est de l'abandon presque total de la navigation par la mer Glaciale , je pourrois en premier lieu répéter ce que dit M. *Gentil* dont j'ai déjà parlé plus haut au numéro 14. En second lieu je pourrois observer , qu'après la rénaissance des lettres au quinzième siècle , et lorsqu'on commença a étudier la géographie avec méthode , les Géographes se sont toujours plaints du mistère qu'on faisoit des navigations et des découvertes. Lorsqu'en 1546 *Hector Ausonius* (cité au numéro 17) entreprit de corriger et de commenter la géographie de Ptolomée: ,, je pense , dit-il dans sa préface , qu'au moyen de mes recherches ,, sur Ptolomée , je pourrois au moins me rapprocher de la vérité ,, que les Rois mettent tant de soins à nous cacher " ; il répète souvent la même plainte dans ses nombreux écrits sur la géographie. Par le journal de *Pigafetta* nous apprenons qu'en 1520 les isles Molucques avoient été découvertes depuis 50 ans par les Maures, et depuis 16 ans par les Portugais ; que les autres nations n'en avoient encore aucune connoissance , et que l'on n'auroit probablement pas

connu sitôt leur position , si *Magellan* n'eût abandonné le service
de la Cour de Lisbonne. Nous avons vu ce qu'a dit *Delisle* (numéro 13), ce qu'a publié sur sa grande mappemonde *Coronelli*
(numéro 18), ce qu'a écrit de nos jours le *Duc d'Almadover* (numéro 13) ainsi que plusieurs autres écrivains (a). Dans la suite on
ne fit plus un mistère des navigations à la mer du Sud ; mais l'Espagne garda généralement le silence sur les navigations au Nord.

26. La Cour de Russie a fait publier les voyages des savans
qu'elle a envoyés dans les contrées les plus éloignées de son empire ;
mais elle s'est bien gardée de rien faire connoître de ce qui avoit
rapport à la possibilité de la navigation par la mer Glaciale à
l'océan Pacifique ; M. *Gmelin*, un de ceux qui voyagèrent par ordre
de Cathérine II, dit ouvertement qu'il commettroit une imprudence digne de châtiment s'il alloit publier, sans la permission de
sa Cour, ce qu'il savoit sur cet objet ; il prévient en même temps
,, que le monde sera bien surpris ; quand le secret en deviendra
public. " Pourquoi surpris " ? demande *Engel* dans le livre qu'il
a écrit sur ce sujet. " Parceque, dit-il , on saura alors que le passage
,, que la Russie veut faire regarder comme impossible est bien prati-
,, cable ; car , ayant le projet de s'approprier tout le pays qui est à
,, l'Est et au Nord de la Sibérie , elle cherche à en éloigner les navi-
,, gateurs Anglois , et ceux de toutes les nations commerçantes (b) ".
Muller, qui étoit certainement bien instruit des navigations des
Russes , puisqu'il étoit chargé par le gouvernement d'en écrire
l'histoire , rapporte que dans les siècles précédens on naviguoit librement dans la mer Glaciale , et que de son temps cela n'étoit
plus possible ; mais *Engel*, et le Rédacteur du XXV vol. de l'Histoire générale des Voyages conseillent de ne pas le croire , parce que
selon eux Muller payé par la Russie ne devoit naturellement écrire
que dans le sens des intérêts du gouvernement qu'il servoit , et

(a) *Engel* loc. cit. pag. 129.
(b) Histoire génér. des Voyages. Tom. XXV. pag. 178. *Engel* pag. 219 et suiv.
où il confute tout ce qu'ont publié les Russes contre la possibilité de la navigation dans la mer Glaciale.

par conséquent ne publier que les choses utiles au projet d'éloigner les Anglois de cette mer (a). *Billing* chargé, en 1785 par la même Cour de Russie d'aller à la découverte d'un passage de la mer Glaciale à l'océan Pacifique par le Nord-est, a bien publié le journal de son expédition ; mais il est remarquable d'y lire qu'au lieu de s'être embarqué à Archangel, comme on le faisoit autrefois, il soit allé par terre de Saint Petersbourg jusqu'en Sibérie, où, étant descendu à l'embouchure de Kolima, il fit construire les navires propres à la navigation projetée ; et que s'étant mis en mer, au lieu de diriger sa marche vers le pôle pour doubler le grand cap Sheletskoï, si toutefois ce cap existe comme on le voit sur les cartes (b), et s'approcher du cap oriental de l'Amérique pour passer de là au Kamschatka, il ait pris terre sur les bords de la mer Glaciale, sous le prétexte que cette mer n'étoit point navigable ; et qu'enfin quelques-uns de ses compagnons de voyage lui ayant proposé de doubler eux-mêmes le cap, et de passer le détroit de Béring dans une petite barque (baidar), bien loin d'y acquiescer, il le leur défendit ; ce qui fit soupçonner à *Sauer* (c) secrétaire et historien de l'expédition, que l'Amiral avoit un intérêt secret à faire croire impraticable le passage du détroit ; intérêt qu'il donna encore mieux à connoître en s'approchant l'année suivante du détroit, et se gardant bien d'outrepasser la baie de Saint Laurent.

27. *Forster* a observé que le gouvernement Anglois, qui plus qu'aucun autre s'est toujours montré avide de recherches géographiques, sur tout de celles qui pouvoient étendre et enrichir son commerce, a toujours, soit par erreur, soit par intrigue, employé les moyens propres à laisser ignorer s'il y avoit une route pour naviguer d'une mer à l'autre par le Nord-ouest, ou à en fermer le passage quand on l'auroit connue. Le gouvernement chargea de la recherche de cette route les Compagnies de la baie d'Hudson, et du North-américa ; mais ces calculateurs adroits, qui, dans les contrées

(a) Ibid.
(b) Voyez *Cook*. Trois. Voyag. Tom. IV. pag. 219. *Engel.* pag. 239.
(c) Voyage de *Billing*. Tom. I. pag. 140.

qu'on vient de nommer, vendent 25 ce qui leur coûte 1 en Europe, et revendent ensuite 25 en Europe, ce qui leur coûte 1 chez les Sauvages (a), et qui, déduction faite de toute dépense, gagnent au moins 200 pour 100 dans leur commerce annuel, ont bien senti que, si la navigation étoit ouverte, il y auroit des navigateurs et des commerçans moins avides, qui, apportant des marchandises peut-être plus utiles, donneroient aux pelleteries de ces misérables Indigènes un plus grand prix, et que la concurrence diminueroit extraordinairement le profit des Compagnies privilégiées (b). C'est ce qui a fait supposer la baie de Baffin, mais on n'en a jamais publié de carte, parcequ'elle n'existe pas ; aussi *Mackenzie*, *Billing* et *Meares* l'appelent-ils baie douteuse ; et *Pinkerton* ne l'a point dessinée dans son atlas. Il paroît qu'au lieu d'une baie environnée de terres, il n'y a que des isles qui laissent entr'elles des passages libres. C'est sans-doute d'après les menées secrètes de ces Compagnies, que l'on a toujours dessiné sans aucune ouverture au Nord la petite baie, à laquelle on a donné le nom de baie *Repulse,* ou de baie de refus ; que l'on a supprimé une partie du journal de *Middleton*, qui avoit bien examiné ces parages (c); et qu'au lieu d'adopter l'opinion de *Dalrymple*, à qui l'examen de plusieures cartes tant imprimées que dessinées à la main, avoit fait présumer avec raison, que la partie Nord-ouest de la baie d'Hudson n'étoit qu'un amas d'isles (d), on a préféré de s'en rapporter aux faux raisonnemens de *James*, qui prétendoit contre l'assertion constante de tous les navigateurs (e), que dans cette baie il n'entroit ni courans, ni glaçons du Nord, ni baleines. On doit à cette même cause, continue *Forster* (f), que les

(a) Chez les Indiens du couteau-rouge (à 61.° 41.′) M. Le Roux compagnon de *Mackenzie* acheta plusieurs peaux de castor et de martre, ne donnant pour prix qu'un peu de rhum, et quelques rassades, ou grains de verre ; et *Hearne* pour un morceau de fer (le soc d'une charrue) eut en échange 20 peaux d'ours, et 60 de martre. C'est bien plus que 25 pour 1. Voyez leurs voyages.

(b) *Engel* observe, que la Compagnie Hollandoise des Indes en a fait autant pour empêcher la navigation par le détroit ; ayant défendu qu'aucun vaisseau ne fît route au Nord du Japon.

(c) *Meares.* Voyag. Tom. I. pag. 104. Trad. franç.

(d) Ibid. pag. 114.

(e) *Forster.* Tom. II. pag. 171 et 181.

(f) Ibid. pag. 191.

deux chambres n'ont point adopté le projet de l'abolition de ces Compagnies privilégiées, évidemment nuisibles au commerce et au bien public, " parce que, dit-il, les propriétaires de la Compagnie, „ attentifs à défendre leur privilège, ont l'art d'apporter à propos des „ argumens d'un si grand poids (a), qui font que les choses restent „ toujours dans leur premier état ". Ce sont ses mêmes vues d'inté-rêt qui ont fait défendre à *Cluny* de publier ses découvertes dans le Nord (b). De là sont venues également les tracasseries, que le gouverneur de la baie d'Hudson a fait éprouver à l'Amiral *Ellis*, qui, persuadé de l'existence de ce passage, et bien sûr de réussir à le trouver, étoit parti en expédition pour en faire la recherche (c). " Il „ faudroit, dit *Kant*, chercher le passage à la mer Glaciale dans „ la baie d'Hudson ; mais la Compagnie, qui y fait un commerce „ exclusif, s'y oppose ; et la Compagnie du North-América en fait „ autant (d) ". Je n'attribuerai pas à la même cause que *Cook* et *Clerke*, dans les voyages qu'ils firent en 1778-79 pour aller reconnoître si la navigation de la mer Glaciale étoit possible, soient retournés dans la mer Pacifique, après avoir dépassé le détroit de Béring de quelques dégrés, craignant d'être surpris et enfermés par les glaces. Leur crainte étoit raisonnable sans doute ; mais je ne peux m'empêcher d'observer qu'ils n'auroient peut-être rien eu à craindre si, à l'exemple de *Maldonado*, ils avoient passé l'hiver dans quelque port de l'Amérique septentrionale pour de là naviguer dans la mer Glaciale, avant que le dégel des grandes rivières y portât les glaces, qui sont, si non la seule cause, du moins la principale, des bancs de glaces qui empêchent la navigation. D'ailleurs *Cook* lui-même nous dit que les glaces n'y sont pas constantes ; car tantôt un vent les apporte et tantôt un autre les disperse, et les dissipe (e).

(a) *Forster*. Tom. II. pag. 294.
(b) Hist. gén. des Voyag. Tom. XXII. pag. 313.
(c) Ibid. pag. 212.
(d) Geograf. Fisica. Tom. I. pag. 438.
(e) *Cook*. Trois. Voyag. Vol. III. pag. 262, et Vol. IV. pag. 191 et 199. On a observé que le vent du Sud les dissipe près des terres, et le vent du Nord les y amène.

28. **On** voit donc, par-tout ce que je viens de dire, qu'il ne faut pas ajouter foi à ceux qui nient l'existence du passage, et la possibilité de la navigation, et qu'au contraire on doit faire cas des témoignages de personnes qui ont navigué dans les mers, et dans le détroit dont il est ici question. " Un témoin qui affirme, ,, (dit le Rédacteur du XXV. volume de l'histoire générale des ,, voyages (a) en parlant de cette navigation) est bien plus digne ,, de foi que cent témoins qui nient, parce qu'un témoin est au ,, dessus de cent non-témoins ". Il nous reste donc à examiner si *Ferrer Maldonado*, qui dit avoir fait ce voyage, mérite véritablement qu'on le croye plutôt que ceux qui en nient la possibilité. Il est évident que, si tout ce qu'il a écrit avoir vu en 1588 a été également observé par les navigateurs qui ont couru les mêmes mers après lui, il faut en conclure qu'il y a été, et qu'il a effectivement vu tout ce dont il a donné les détails au Conseil des Indes en Espagne; car il n'y auroit pas de sens commun à supposer qu'il ait pu donner des descriptions aussi positives et aussi exactes des détroits, des ports, des isles, des rivières, des écueils, des montagnes, des distances, des animaux, des arbres etc., sans avoir pris sur les lieux la connoissance de ces objets, dont l'existence a été postérieurement confirmée.

29. *Maldonado* dit qu'il partit de *Baccalaï*, c'est-à-dire, de l'isle de Terre-Neuve ; mais dans son instruction il projète de partir de Lisbonne, d'aller au Nord-ouest jusqu'à l'hauteur de la Frislande, et de là à l'Ouest, se tenant toujours sur le 60.me dégré de latitude, jusqu'à la Terre de Labrador. Après avoir passé le gros de l'hiver près de cette terre, il alla lui-même près de l'isle de Frislande pour se procurer l'habillement nécessaire aux matelots. Nous verrons (au numéro 38) que cette isle, sur la véritable position de laquelle on n'est point d'accord, existoit indubitablement à la fin du XVI siècle. De là il revint au Nord de la Terre de Labrador, où il entra dans un canal de 3o lieues de largeur ; et c'est là qu'effectivement, entre la

(a) Pag. 161.

terre de Labrador et l'isle de Bonne-Fortune, se trouve le détroit d'Hudson qui a environ cette largeur (a). Il dit que si de là l'on tourne au Nord-est, on revient dans la mer de Frislande ; et cela est vrai ; car on fait le tour de l'isle de Bonne-Fortune, et des autres petites isles qui sont au Nord-est du détroit. Il avertit donc de naviguer au Nord-ouest dans le même détroit jusqu'à 64.°, c'est-à-dire, jusqu'à la pointe Nord-ouest du Labrador au Nord de la baie d'Hudson, et l'on aura fait, dit-il, à-peu-près 80 lieues, distance assez exacte, selon les cartes. De là on va au Nord ; et nous voyons qu'en effet on peut aller au Nord, soit en passant au Sud, et à l'Ouest de l'isle Stérile, soit en passant à l'Ouest de l'isle Marie, et entre le Groënland, et la côte des Guallhams bien connue des pêcheurs des cétacées (b). Par la première route on entre dans la baie de refus, par la seconde dans la baie de Baffin ; cette dernière comme nous l'avons dit ailleurs (numéro 27), n'existe pas, et la première est ouverte par un canal qui porte dans la mer Glaciale. Dans les deux cas nous avons un détroit qui va au Nord-ouest. Quand on est hors du détroit on commence, dit-il, à baisser, c'est-à-dire, qu'on se dirige à une moindre latitude, naviguant vers Ouest 1/4 de Sud-ouest ; ce qui est conforme aux cartes marines, sur tout si nous le croyons avoir passé de la baie de Baffin par le détroit de Lancastre. Il navigua ainsi dans la mer ouverte, et il parcourut 370 lieues, venant à 71.° Alors il apperçut une côte fort élévée, sans pouvoir déterminer si c'étoit une isle ou la terre-ferme ; mais il est probable que c'étoit la même chaîne des montagnes que vit *Hearne* près de la rivière de la Mine de cuivre, ou les isles de la baleine, à l'embouchure de la rivière Unigag, vues par *Mackenzie*, qui font partie du continent de l'Amérique. Tournant alors au Sud-ouest, il dirigea sa route vers le 60.° de latit. bor. , où il croyoit trouver le détroit d'Anian que *Martinez* dans sa rélation plaçoit à cette latitude ; mais nous verrons (numéro 35) comme il a reconnu et rectifié l'erreur de la carte nautique qui lui servoit de guide dans sa marche. Il est

(a) Voyez la Planche I.
(b) *Pagès* l. c. Tom. II. pag. 221.

54

vrai qu'il ne dit rien des glaces qui embarrassèrent souvent d'autres
navigateurs, et leur firent quelquefois rebrousser chemin: mais j'expli-
querai au numéro 37 la cause de son silence à ce sujet. Cependant
il rapporte que dans le détroit de Labrador l'eau de la mer se glaçoit
sur les bords et sur le tillac de son navire, au point que la glace
avoit quelquefois l'épaisseur d'un empan, et qu'il falloit la rompre
avec des hâches; embarras que dans le siècle dernier *Pagès* (a),
Cook (b), *Billing* (c), *Meares* et autres navigateurs, dont parle *Forster* (d), éprouvèrent également et à-peu-près à la même latitude.
Ce qu'il écrit de la longueur des nuits en hiver, et des jours sans
nuit en été, s'accorde très-bien avec les observations géographiques
et astronomiques; et plusieurs navigateurs n'ont fait que confirmer
ses observations, quand ils ont dit après lui, que la chaleur de l'été
étoit dans cette contrée aussi forte qu'en Espagne. *Ellis* en donne
la même raison que *Maldonado*, en l'attribuant à ce que le soleil,
ne quittant jamais l'horizon, ne cesse pas d'échauffer la terre de
ses rayons (e).

30. *Maldonado* dit que, malgré que le détroit d'Anian lui fut
indiqué par la rélation du Pilote *Martinez*, il eut beaucoup de peine
à le trouver, parcequ'une pointe du détroit cache l'autre de manière à le faire paraître fermé, et c'est ce que reconnoîtront tous
ceux qui du Nord iront au Sud. Par cette raison, la pointe asiatique
du détroit a été nommée par les Espagnols tantôt *Capo escondido*,
comme on le lit sur la carte de *Wischer*, et tantôt *Puenta cuverta
de l'estrecho de Anian* (f). Il remarqua alors, que la marée étoit
très foible, et presqu'insensible (*necissima*); phénomène qui a aussi
été l'objet des observations de *Cook* (g). Il rapporte qu'à sa sortie

(a) L. c. pag. 133.
(b) Trois. Voyag. Vol. IV. pag. 121.
(c) Voyag. Tom. I. pag. 132.
(d) L. c. Tom. II. pag. 87, 92.
(e) *Engel* (l. c. pag. 221.) observe que dans les mers du Nord en été le soleil se montre constamment à 25.° au dessus de l'horizon.
(f) Hist. génér. des Voyag. Tom. XXII. pag. 307.
(g) Trois. Voyage Vol. III. pag. 257.

du détroit , étant entré dans la mer du Sud , il ne trouva dans la côte de l'Amérique aucun canal , c'est-à-dire , aucun bras de mer , par lequel on pût naviguer du Sud au Nord (numéro XX). *Cook* ni aucun autre navigateur n'en ont trouvé non plus, quoique *Robert de Vaugondy* , et d'autres après lui , en aient imaginé et dessiné un , par lequel de la rivière de Cook on pouvoit naviguer à la baie d'Hudson (a) . Il dit qu'au Sud du détroit il y a une rivière , dont l'embouchure forme un port vaste et commode; et dans une carte du troisième voyage de *Cook* (b) on voit l'indication d'une baie , près de la pointe du Prince de Galles , qui peut bien être le port , dont parle notre auteur ; et si nous avions une carte marine exacte et en grand de ces parages, nous l'y verrions peut-être indiquée. Ce port est peut-être à l'embouchure de la rivière de Kaueren marquée sur la carte du voyage de *Billing* (c) ; ce qui s'accorderoit avec le plan de *Maldonado* (d) , où il est placé au Sud du détroit . Il est tout naturel, que dans cet endroit qui regarde le Nord les courans, formant des tourbillons, devoient rendre le port incommode et peu sûr. Il est aussi possible , que ce port n'existe plus par les raisons que nous rapporterons au numéro 36. Si *Maldonado* est allé tout-à-fait au Sud du détroit, le port, dont il parle , sera alors la baie qu'on appèle aujourd'hui baie de Norton. *Cook*, et tous les navigateurs qui ont été dans ce détroit, nous disent, comme *Maldonado*, que du côté de l'Amérique les terres sont basses , et qu'il y a des hautes montagnes du côté de l'Asie , dont les rochers sont très remarquables en ce qu'ils paroissent si perpendiculaires , quand on les voit en se plaçant au Nord-est du détroit, que *Cook* les a comparés à des colonnes , ou à des clochers (e): sur-tout cet écueil pyramidal et isolé que *Maldonado* a décrit et dessiné (f) , et que

(a) Nous reviendrons sur la non-existence de ce canal aux num. 4o et suiv.
(b) Voyez la Planche II. numéro 4.
(c) Pl. XV. Voyez la Planche II. numéro 2.
(d) Tav. V.
(e) Trois. Voy. Vol. III. pag. 8o , et Vol. IV. pag. 214.
(f) Tav. IV. N. 1. D.

Cook a aussi placé dans la vue du cap-Est de l'Asie (a). Notre ancien Géographe *Urbain Monti* a aussi dessiné près du détroit d'Anian les hautes montagnes d'Asie, et les basses-terres d'Amérique couvertes de nombreux sapins (b) qui sont les seuls arbres que les navigateurs y trouvent même à présent. C'est dommage que ce Géographe ne dise pas d'où il a tiré les cartes de son ouvrage.

31. On ne sera pas étonné que *Maldonado* ait trouvé près du détroit un quantité de coques d'œufs transportées par la marée; car on sait que presque tous les oiseaux aquatiques et amphibies vont faire leurs nids dans le Nord; et puisqu'ils font toujours leur ponte à terre, rien de plus naturel que d'y trouver un amas de ces coques, qui, en surnageant, ont pu être chariées et accumulées par les courans dans un port. Si les excrémens des oiseanx dans quelques isles de la mer du Sud ont élevé le sol de plusieurs pieds, les coques d'œufs pouvaient bien élever la petite digue que *Maldonado* a vue. Tous les navigateurs parlent de la quantité d'oiseaux qu'on trouve dans le Nord, et qui leur fournissent une grande partie de leur nourriture. *Button* dans un hiver mangea avec son équipage 1810 douzaines de perdrix (c). *Maldonado* y vit aussi plusieurs quadrupèdes dont quelques-uns lui étoient inconnus. Il cite particulièrement entr'autres un animal qui avoit les cornes palmées comme celles du cerf; et c'est sans doute la renne (*Cervus tarandus* L.) qui vit dans les pays glacés du Nord : il y vit aussi des buffles vus après lui par *Hearne* et *Billing*. Il est vrai qu'il fait mention de deux espèces de cochons, dont l'un est le cochon commun (*Sus scrofa* L.) et l'autre est le (*Sus Tajassu*) qui paroît avoir un ulcère sur le dos, et que les autres navigateurs n'ont trouvé que dans les pays tempérés ou chauds ; mais on sait d'ailleurs que le cochon vit dans tous les climats ; il y en avoit autrefois un grand nombre en Islande (d); et l'on fait même aujourd'hui un commerce de viande salée,

(a) Loc. cit. Planche 84
(b) Manusc. Tav. III. Voyez la Planche II. numéro 5.
(c) *Forster* Tom. II. pag. 137.
(d) Voyag. en Islande par ordre de S. M. Danoise Vol. I. §§. 77, 326. etc,

et de lard de cochon à Bornholm dans la mer Baltique à 69.° (a).
Il y trouva des lapins ou lièvres (*Lepus Cuniculus* L.), et d'autres
petits quadrupèdes, que tous les navigateurs y ont vus après lui.
On doit en dire autant des poissons, et sur-tout des baleines, dont
il observa le passage de la mer Pacifique à la mer Glaciale, et il
en donne la raison. Or il est sûr que ces cétacées passent d'une
mer à l'autre, car on en a pris au Japon et en Corée qui avoient
emportés avec eux des harpons qu'on leur avoit jettés au Spitzberg;
ce qui a servi à *Ellis* et à d'autres de preuve certaine de la communication de la mer Glaciale avec les océans Atlantique et Pacifique (b). *Maldonado* observa aussi les plantes, et sur-tout les arbres
tant d'haute futaie, que fruitiers. Parmi les premiers il nomme les
sapins, sur-tout dans la côte d'Amérique, où notre Géographe *Urbain
Monti* dans sa troisième Planche, qui représente le détroit d'Anian (c),
les a aussi dessinés. Il y trouva plusieurs fruits mûrs, et nous lisons
que les voyageurs du dernier siècle *Cook* (d) et *Mackenzie*, les y
cueillirent également, conservés sur les arbres et les arbustes pendant l'hiver. Pour se convaincre de l'existence des arbres, comme
des animaux dans ces climats on n'a qu'à lire les relations des
voyageurs et des navigateurs, qui d'ordinaire en donnent le catalogue.
Il n'y a donc rien d'avancé par *Maldonado* qui puisse rendre sa
Rélation douteuse à l'égard du détroit, et de ses environs.

32. Après avoir passé le détroit d'Anian, et y avoir fait un
long séjour, il alla au Sud-ouest, peut-être à l'entrée de Norton,
et de là, mettant la proue à l'Ouest, après avoir fait dans l'espace
de quatre jours cent vingt lieues avec le vent du Nord, il parvint
à la côte d'Asie, où il entra dans une baie auprès de laquelle les
terres étoient marécageuses, et pleines de roseaux. Les premières
collines étoient basses; mais dans le lointain on voyoit des montagnes très hautes, et il observa que près de là il y avoit des hommes.

(a) Ann. des Voyages Tom. VIII.
(b) Philos. Trans. for year 1674. p. 197. *Engel* loc. cit. pag. 217.
(c) Voyez la Planche II. numéro 5.
(d) Trois. Voyag. Vol. III. pag. 143.

Or ces observations sont entièrement d'accord avec celles qu'ont faites *Cook*, *Clerke* et plusieurs autres. Les hommes vus par *Maldonado* sont les ancêtres de ces Kutschois qui y habitent encore aujourd'hui. La baie avec les bas-fonds étoit probablement celle qui fut ensuite appelée de Saint Laurent, près de laquelle les terres sont basses. " Il y a des terres basses (dit *Cook* (a) en parlant de „ cette baie) et entre les terres élevées et la mer, il y a un lac „ qui s'étend au Sud-est ".

33. Cette uniformité constante entre la Rélation de *Ferrer Maldonado*, et les journaux des voyageurs qui lui succédèrent, dans la description des côtes qui bordent le détroit d'Anian, doit suffire pour nous persuader, que le premier a effectivement été dans ces endroits, et que sa Rélation est authentique et sincère ; mais je me flatte, que l'examen de la même Rélation par rapport à la partie la plus étroite du détroit, portera dans l'esprit des lecteurs une pleine conviction. *Maldonado* fait mention d'une petite isle près de la pointe d'Asie, et il l'a dessinée dans sa carte, comme un lieu propre à y construire un chateau (b). Or dans presque toutes les cartes de ce détroit je vois cet islot. *Cook* dans sa planche 53.me a placé au milieu du détroit une isle, avec un islot voisin, et un autre un peu plus au Sud ; et près de la pointe d'Asie on voit aussi une petite isle entre deux rochers (c). *Billing* dans sa planche XV. a placé différemment, et plus près de la pointe d'Amérique les deux islots appelés Imaglina, et Ochevachi (d). *Bellin* en a dessiné quatre dans la grande carte qui est en tête du I. volume de l'Histoire générale des Voyages par M. *Prevôt*, et dans une autre carte de la partie Nord du globe pour le volume XXII (e). Dans la carte de l'Amérique septentrionale, qui fait partie de l'Atlas de *Jeffery*, imprimé à Philadelphie en 1753, le détroit dont il est question,

(a) Trois. Voyag. Vol. III. pag. 272.
(b) Voyez la Planche V. H.
(c) Voyez la Planche II, numéro 4.
(d) Voyez la même Planche numéro 2.
(e) Voyez la même Planche numéro 3.

soit pour les isles , soit pour les côtes , a assez de ressemblance au
dessin de *Maldonado*. — Ce navigateur observa que dans le détroit
la mer avoit généralement très peu de fond : observation faite aussi
par *Cook*, qui fut obligé d'y faire passer ses deux vaisseaux l'un
après l'autre ; et il a reconnu par le moyen de la sonde que les bas-
fonds réunissoient les deux côtes (a). Quant à la largeur et à la
longueur du détroit, nous en parlerons au numéro 36.

34. Il ne nous reste donc plus à présent qu'à examiner si dans
l'écrit de *Maldonado* , que je viens de publier , on trouve des erreurs
et des fautes qui donnent lieu de croire que toute sa Rélation n'est
qu'une imposture. J'ignorois qu'avant M. le baron de *Humboldt*
et quelques Journalistes , qui se sont cependant contentés de la dé-
clarer apocryphe sur la parole des autres , sans apporter aucun fondement de leur jugement, quelqu'un se fut avisé d'élever des doutes
sur la véracité de sa rélation ; mais ayant lu dans une lettre , que
je rapporterai au numéro 41 , que le duc d'*Almadover*, dont j'ai parlé
au numéro 13 , avoit antérieurement émis son opinion sur le voyage
de *Maldonado* , j'ai voulu savoir ce qu'il en disoit ; et comme il
ne m'étoit pas possible d'avoir son ouvrage , sur-tout dans les circonstances actuelles , je me suis adressé au cél. M. l'Abbé *Andres* , Préfet de la Bibliothèqne Royale de Naples , qui , possédant ce livre
dont l'Auteur lui avoit fait présent en Espagne , a eu la com-
plaisance de m'envoyer copie de l'article entier qui regarde la Rélation dont est question. Le duc d'*Almadover* , quoiqu'il n'eût sous
les yeux qu'un *extrait* de la *Rélation de Maldonado* , s'étoit persuadé , en le lisant , qu'elle étoit aussi véritière qu'authentique , soit
par la manière naïve et simple dont elle étoit écrite , soit en reflechis-
sant que ce navigateur n'avoit aucun intérêt à mentir , soit enfin par
la conformité de détails analogues à ceux des voyageurs qui ont après
lui parcouru les mers du Nord. Cependant il ne laissa pas que
d'avoir des doutes et il a voulu les communiquer aux lecteurs. Sa
première objection est qu'on y trouve *Ferrer Maldonado* qualifié

(a) Trois. Voyage Tom. III. pag. 246.

de *Don*, titre qui ne se donnoit alors qu'aux plus grands seigneurs ;
mais cette objection, que l'auteur lui même n'évalue pas beaucoup,
n'est rien pour moi , car dans notre manuscrit on lit tout simplement = *por mi el Capitano Lorenzo Ferrer Maldonado* =.

35. Il a cru avoir une seconde raison de doute dans ce que
ce navigateur dit avoir trouvé le détroit à 6o.° de latitude boréale,
tandis que *Cook* l'a trouvé à 66.°, ou du moins à 65.° 5o.′, comme
l'a écrit M. de *Humboldt*. Outre que cette raison se trouve com-
battue par l'observation de *Meares* (a) qui dit que les erreurs des anciens Géographes sur la latitude s'expliquent facilement par la
seule considération de la différence qui existe entre l'arbalête , qui
étoit l'instrument astronomique de *Colomb*, et notre quart de cercle;
je pourrois aussi excuser *Maldonado* de son erreur , en citant d'après
le Duc d'*Almadover*, celle bien plus considérable commise par les
Russes et les Anglois rélativement aux latitudes ; car comme l'observe aussi le même *Meares* (b), selon *Carver* l'embouchure de la
rivière de la Mine de cuivre dans la mer Glaciale est à 72.°, selon
les commerçans du Canada à 68.° et selon le Capitaine *Pound* à
65.° D'ailleurs peut-on faire une reproche à *Maldonado* d'avoir dit
que le détroit d'Anian est à 6o.° de latitude boréale , quand son
erreur à cet égard est celle de presque tous les Géographes qui
l'ont précédé et qui sont venus après lui ? Pour s'en assurer on n'a
qu'à consulter les Atlas d'*Hortelius* et de *Mercator* publiés en 157o,
voir les cartes d'*Urbain Monti* et de *Gérard de Vera* gravées en
159o et 1595 , le volumineux Atlas de *Bleau* imprimé en 1647, et
le grand planisphère de *Nolin* dessiné sur la projection du célèbre
Lahire en 1767. Il est de fait que dans toutes ces cartes on trouvera le détroit d'Anian , appelé ensuite de Béring , placé à 6o.° de
latitude boréale. Mais j'ai de quoi bien mieux justifier *Maldonado*.
Examinons ce qu'il dit sur ce point (c). `` Nous avions (dit-il)

(a) Voyage de la Chine au Nord de l'Amérique. Tom. I. pag. 149.

(b) Ibid. pag. 116 , 139.

(c) Voici le texte Espagnol. *Rentrando en a quella costa con tener una muy
buena relaçion del Iu. Martinez M. Piloto que era un portugues natural de Algarve;*

,, une assez bonne rélation de Jean Martinez ... et nous savions,
,, qu'on devoit trouver le détroit à 60.° de latitude boréale .... Le
,, pilote croyoit en être encore loin plus de cent lieues .... mais je
,, jugeai que nous y étions déjà, par les courans qui venoient de
,, terre ... Effectivement étant sauté dans une chaloupe pour exa-
,, miner la côte, le courant m'y fit entrer ". Voyez les numéros
XXX et XXXI de la *Rélation*. Voilà donc que *Maldonado*, selon
les observations et les calculs du pilote, se trouvoit entre 65 et 66.°,
et que pendant qu'il cherchoit le détroit qu'il croyoit ne trouver qu'à
60.°, il le trouva à plus de 100 lieues, c'est-à-dire, à plus de 5 dégrés au Nord; et cela prouve que, malgré les anciennes cartes et rélations qui plaçoient le détroit à 60.°, il en a reconnu à-peu-près la
véritable latitude. Or, je demande, comment, s'il n'avoit pas fait
cette navigation, *Maldonado* auroit pu déviner la position du détroit de Béring, qu'aucun Géographe n'a connue avant la moitié
du siècle XVIII ?

36. L'objection la plus importante, et en même temps la plus
juste, que se fait le duc d'*Almadover*, est la grande différence entre
la largeur du détroit d'Anian déterminée par *Maldonado*, et celle
donnée par *Cook* au détroit de Béring. Selon le premier, la largeur
n'est que d'une demi-lieue au Nord, et d'un huitième de lieue au Sud
du détroit; tandis qu'elle est de treize suivant le second. Quoiqu'il
en soit, on peut rendre raison de cette différence en plusieures manières, sans en conclure que la Rélation de *Maldonado* est apocryphe. La première idée que la lecture du manuscrit Espagnol fit
naître dans mon esprit, fut de prendre le mot *largo* (a) dans un

---

ombre muy viejo de muncha esperiencia ... Porque saviamos haverlo de hallar (l' e-
strecho) en 60 grados de altura, por ser a quella costa muy larga de l' est oeste,
nos hecho estar en dudos, tanto que el piloto le pareçio no haver llegado a el por
mas de cien leguas, sigun el punto que tenia en su derrota; y a me me pareçio que
ya estavamos sopra el, como succedio que saltando con una chalupa a costear la orella
del mar, la misma corriente me emboca por el estrecho, con que fue conocido ... La
raçon por donde me pareçio haver llegado a l' estrecho, y estar sobra el, fueron las
grandes corrientes que alli halle, las quales venian de la tierra etc.

(a) Il testo Spagnuolo dice : *El estrecho as quinze leguas de largo.*

sens que les François et les Italiens lui donnent, et qui est aussi
le même chez les Espagnols, comme on peut le voir dans le dic-
tionnaire de *Séjournant*. Dans ce cas la largeur du détroit établie
par *Maldonado* s'accorderoit assez bien avec celle que *Cook* a déterminée. Mais je dois avouer que, tout bien examiné, il paroît
clairement que *Maldonado* a voulu dire que la longueur et non la
largeur du détroit étoit de quinze lieues. Il n'y a pas de doute, que
le duc d'*Almadover* connoissoit la valeur du mot Espagnol *largo*,
car, quoiqu'il reconnût très bien la différence entre le calcul de
Maldonado et celui de *Cook*, plutôt que de douter de la bonne foi
de ces deux navigateurs, il a mieux aimé conjecturer qué quelque
bouleversement extraordinaire des côtes ait élargi le détroit au
point qu'il l'est actuellement. Certes un phénomène pareil ne doit
pas paroître bien étrange après une révolution de deux siècles. Car
si l'isle de Frislande, qui étoit à-peu-près à la même latitude, a
disparu dans cette période (numéro 38) il peut bien en être arrivé
autant à une partie des terres qui formoient le détroit d'Anian avant
la fin du XVI siècle : nous savons qu'il y a plusieurs volcans dans
les isles Kuriles qui ne sont pas éloignées de là, et que des volcans
ont opéré de grands changemens au Japon (a). Le phare de Messine
si étroit et si périlleux au temps d'Homère n'est-il pas aujourd'hui
plus large, et d'une navigation plus sûre ? Il paroît certain d'ailleurs
qu'au temps de *Maldonado* le détroit devoit être à-peu-près tel
qu'il l'a dessiné, parce qu'on le retrouve presque le même dans
les dessins qu'en ont donnés, à environ la même époque, *Urbain
Monti* et *Gérard de Vera*. Probablement ce ne fut que par dégrés
que la mer gagna du côté de l'Amérique par l'abaissement des
terres, de manière que les montagnes basses et les collines qui, au
dire de *Maldonado*, étoient déjà presqu'isolées alors, sont devenues
de petites isles. Ce changement s'offre aux yeux dans les cartes des
Russes, et sur-tout dans celle de *Jeffery*, qui a dessiné quatre
petites isles, où *Billing* n'en a vu que deux bien séparées et dispo-

(a) *Engel*. loc. cit. pag 19 et 75.

sées Nord et Sud ; et *Cook* en a vu deux autres presqu'unies dans la direction de l'Est à l'Ouest. Les cartes des Russes, qu'on peut voir dans *Engel* et dans *Buache*, diffèrent en quelque manière plus de celle de *Cook*, que de celle de *Maldonado*. Cependant les Russes avoient bien reconnu cet endroit à la moitié du siècle XVII, et au commencement du XVIII. Dirons-nous qu'ils ont mal vu, ou qu'ils ont mal dessiné ce qu'ils ont bien observé? pourquoi ne dirions-nous pas plutôt que la forme et l'étendue du détroit a changé? qu'auroit-elle d'étrange cette opinion? La mer n'a-t-elle pas beaucoup gagné sur la côte orientale de l'Adriatique? Ne savons-nous pas aussi qu'elle a perdu dans quelques endroits, et qu'elle a gagné dans d'autres, sur-tout dans l'océan septentrional, comme il est prouvé par les forêts souterraines qu'on découvre près de la mer. Ce qui rend plus probable que quelque changement ait eu lieu, ce sont les bas-fonds observés par *Cook:* selon lui ils sont une preuve que dans cette partie l'Asie étoit jointe à l'Amérique. Quoique la distance d'un cap à l'autre soit de 13 lieues, la partie navigable y est cependant encore moindre qu'elle ne l'étoit au temps de *Maldonado*, car celui-ci dit que deux ou trois vaisseaux pouvoient y passer de front (numéro XXVIII) et le Commodore Anglois rapporte avoir été obbligé de faire passer ses deux vaisseaux l'un après l'autre. J'accorderai aussi que *Maldonado*, dans la vue d'obtenir du Roi la commission d'aller avec une escadre à fortifier le détroit, l'a peut-être dessiné plus long et plus étroit qu'il ne l'étoit réellement, parce que son objet principal étoit de marquer dans son dessin topographique les endroits, sur lesquels on devoit placer les sentinelles, et bâtir les forts. Enfin si dans les cartes de notre navigateur les baies et les isles ne sont pas à leur vraie place, cela dépend aussi du point d'où on les a regardées. *Cook* et *Billing* n'ont pas placé les deux isles dans la même position ; et cependant tous deux ont certainement dessiné ce qu'ils ont vu. Le duc d'*Almadover* pour se tirer de l'embarras où le mettoit la disparité des calculs de la largeur du détroit, imagine de dire que peut-être notre navigateur n'a pas passé par le détroit de Bering, mais par un bras de mer ou par une rivière, qui de la mer Glaciale communique à la baie de Norton, ou à la rivière de Cook ; mais certes il n'auroit pas fait une pareille supposition, si, au lieu d'un simple et mauvais extrait (a), il avoit lu la rélation même, car elle lui auroit appris positivement qu'il n'existoit aucun bras de mer ni rivière, par laquelle on pût passer de la mer Glaciale à la mer Pacifique. Voyez le numéro 45.

37. Le duc d'*Almadover* trouve difficile de faire accorder la rélation de *Ferrer Maldonado* avec les journaux des autres navigateurs, à l'égard des glaces que l'Espagnol n'a pas rencontrées dans son voyage, tandis qu'elles ont été la seule raison pour laquelle ni *Billing*, ni *Cook*, ni *Clerke* n'ont pu naviguer dans la mer Glaciale. — L'Historien des établissemens ultramarins ne cherche pas à resoudre cette difficulté, qui toute fois ne l'empêche pas d'ajouter foi à *Maldonado:* cependant la solution de cette objection est facile. J'ai déjà observé, contre l'opinion d'*Engel*, qui s'appuye sur des raisonnemens plutôt que sur des faits, que les glaces augmentent dans le Nord comme le froid (numéro 14); et que dans la mer ouverte, loin des côtes, il y a moins de glaces que près de terre. *Cook* même dit, qu'il y a des vents qui dispersent les glaçons ammassés pendant plusieurs hivers (b); et l'auteur de la lettre datée d'Enchuisen (numéro 28) écrit qu'un brouillard peut fondre toute la glace, comme si elle étoit exposée à l'action d'un feu qui seroit dessous. Il a donc pu arriver que quelqu'une des causes ci-dessus ait déblayé ou fondu les glaces dans le temps de la navigation de *Maldonado*. J'ajouterai de plus qu'il a voyagé dans une saison où il ne devoit pas rencontrer de glaces. Quoique quelques navigateurs

(a) Je dis un *mauvais extrait*, parce que le même auteur parlant de la *Rélation de Maldonado* dit, *cuyo circonstanciado extracto para in nuestro poder etc.* Je le dis *mauvais*, parce qu'il n'est pas d'accord avec la rélation même sur plusieurs points. Il dit 1. que *Jean Martinez* étoit le pilote du vaisseau de *Maldonado*, tandis qu'il n'étoit que l'auteur de la rélation sur laquelle on régloit le voyage. 2. Que Maldonado partit de Lisbonne, tandis qu'il partit de la terre de Labrador. 3. Qu'il passa par le détroit de Davis, tandis qu'il passa par le détroit d'Hudson. 4. Que la distance d'Espagne au détroit d'Anian est de 1750 lieues, tandis que, selon le calcul de *Maldonado*, le chemin à parcourir n'est que de 1710 lieues.

(b) Troisième Voyage. Tom. III. pag. 262 et 270.

prétendent que la surface de la mer se glace, ils conviennent cependant que cela n'arrive qu'à des très hautes latitudes, et encore pas toujours. *Phipps* n'a vu ce phénomène qu'à 8o.° D'ailleurs, comme l'observe *Pagès* (a) les glaces ont rarement une épaisseur à pouvoir empêcher qu'un vaisseau ne s'ouvre le passage à travers en les cassant. Mais ce qui peut mieux que tout expliquer pourquoi *Maldonado* n'a pas rencontré de glaces, c'est la saison dans laquelle il a voyagé. Il est entré dans le détroit de Labrador au mois de mars, et peut-être de février : il a cotoyé l'Amérique en mars et en avril en allant au détroit d'Anian, et en juin et au commencement de juillet en revenant dans la mer Atlantique. Or nous savons que ce qui gêne la navigation, ce sont les masses énormes et nombreuses de glace qu'on rencontre dans la mer ; nous savons que ces glaces sont chariées par les grandes rivières du Nord au temps du dégel ; et nous savons que le dégel n'arrive que fort tard (b). Donc *Maldonado* ne devoit rencontrer ces glaces tout au plus qu'à son retour au mois de juillet. Il n'en rencontra pas : soit qu'en revenant au commencement de ce mois, il ait prevenu le temps du dégel, et devancé l'époque où les rivières charient ; soit que le vent du Nord, qui souffloit constamment, à ce qu'il nous dit, eût dissipés les glaces (c). Il a cependant souffert, en allant, des froids très vifs dans la mer Glaciale, et en retournant, de très fortes chaleurs qu'*Ellis* et d'autres navigateurs ont éprouvées après lui.

38. Ce qu'il semble favoriser les doutes sur la sincérité de *Maldonado* c'est qu'il dit avoir été dans l'isle de Frislande qui n'existe pas, et dans des petites isles voisines ; mais quoiqu'il soit vrai que cette isle n'est portée sur aucune carte, moderne, peut-on pour cela douter qu'elle ait existé autrefois ? Les frères *Zeni* y allèrent au XIV siècle, et ils la dessinèrent avec deux islots, sous les noms d'Ilof et de Ledovo (d). *Cristophe Colomb* y fut au XV.

(a) Loc. cit. pag. 226.
(b) Id Ibid. pag. 23o. Pour cette raison *Engel* avertit les navigateurs, d'éviter la mer Glaciale quand le mois d'août approche de sa fin. Loc. cit. pag. 13.
(c) Voyez le numéro XVIII, où il rend lui-même raison du phénomène.
(d) Dello scoprimento dell'Isola di Frislanda ec. Venezia 1568. in 8.

66

siècle (a). *Forbisher* la vit au XVI (b). Je la trouve aussi marquée avec
les islots circonvoisins dans un portulan dessiné à Naples en 1563
par *James Olives Mallorchin* , et qui appartient à présent à M. le
Docteur *Mazzucchelli* mon collègue dans la Bibliothèque ambroisienne . Notre *Urbain Monti* l'a dessinée dans sa Géographie (c) .
Dans la carte du Groënland annexée au XXV volume de l'Histoire
générale des Voyages , je trouve à 59.° de latitude boréale , et à 10.°
de longitude orientale une terre , près de laquelle on lit : *Isles de
Bus de Frisland* ; et c'est dans cet endroit , où il ne reste plus que
des rochers dans une surface d'une demi-lieue de circonférence , que
Delisle croit avoir existé autrefois l'isle de Frislande. Plusieurs auteurs
célèbres ont disputé sur la vraie position de cette isle ; mais aucun
n'a nié qu'elle ait existé au temps passé. *Forster* (d) est d'opinion
qu'on donnoit autrefois ce nom à l'isle de Faira , l'une des Orcades.
Le jeune *Buache* (e), et *Van-Eggers* (f) trouvent la Frislande dans les
isles de Féroë ; mais M. l'Abbè *Zurla* , qui a publié dernièrement le
voyage des *Zeni* avec une savante dissertation pour en prouver la
véracité et l'importance (g), a démontré que la vraie Frislande , où
les fameux navigateurs vénitiens passèrent 24 ans , et d'où ils allèrent à la découverte de l'Amérique , n'existe plus à présent , ayant
été détruite par les tremblemens de terre , et les éruptions des volcans , et engloutie par la mer ; ce qui n'est pas extraordinaire dans
ces mêmes contrées. J'observe à cette occasion , qu'en plaçant la
Frislande où elle est sur la carte des *Zeni* , tout combine à merveille
avec la navigation de *Maldonado* , qui y vit des *Islandilles* (les
Islandes des *Zeni*) probablement les islots d'Ilof et Ledovo dessinés
sur leur carte , où notre navigateur est allé faire des provisions ,
et où avant lui , et pour le même objet , *Zichmni* ou *Sinclair* , au
service duquel étoient les *Zeni* , avoit pris terre.

(a) Vita di Cristoforo Colombo scritta da suo figlio ec. Cap. IV.
(b) Voyez au numéro 3.
(c) Tav. 46.
(d) Loc. cit. Tom. I. pag. 319.
(e) Mémoir. de l'Acad. des sciences pour l'an 1784
(f) Diss. sur l'ancienne position de l'Est-Groënland. Kiel. 1794.
(g) Viaggi e Scoperte de' fratelli Zeni. Venezia 1808.

39. Enfin on auroit à reprocher à *Maldonado* d'autres erreurs
géographiques bien plus grossières. Par exemple, il prétend qu'après
être sorti du détroit, vers le Sud, il étoit près de la Chine et même
de Cambalu (aujourd'hui Pékin) tandis qu'il en étoit encore bien
éloigné ; et il parle d'un vaisseau qui venoit de *Robr*, nom qu'on
ne trouve ni parmi les villes maritimes de la Tartarie, ni parmi
celles de la Chine. Aussi ses cartes géographiques et topographiques
paroissent tout-à-fait idéales, et sont bien loin de la vérité ; car le
détroit n'a point cette figure de méandre que *Maldonado* lui a
donnée (Planche V), et les baies ni les isles ne sont pas dans les endroits où *Maldonado* les a dessinées. — Je conviens qu'il y a dans
sa narration, comme dans ses dessins, des fautes de géographie et
de topographie. Mais peut-on en conclure qu'il n'ait pas été au
détroit d'Anian ? Nos anciennes cartes rélatives à la Chine et à la
Tartarie étoient généralement dressées sur les rapports souvent inter-
polés de *Marco Polo* (a) où les distances étoient bien loin d'être mar-
quées exactement. C'est d'après de semblables erreurs que *Pigafet-*
ta (b) a cru passer près du Japon, lorsqu'il n'étoit qu'à la hauteur
des isles Philippines, et qu'il suppose le Japon à 15.° de lat. aust.,

(a) Tout ce que nous dit *Ramusio* (*Prefaz. ai viaggi di Marco Polo*), du
lieu, de la circonstance et de la manière dont ce célèbre Voyageur écrivit son
histoire, et ses observations, se trouve à quelque différence près, dans la Part. II.
de la Chronique manuscrite de Fr. *Jacopo de Aqui* que nous avons dans notre bibliothèque eu un vol. en *carta bambagina* marqué D. 526. On voit que *Marco
Polo* à écrit à Gènes étant prisonnier de guerre, et le titre du livre = *Liber
Millionis de mirabilibus mundi* = donne lieu de croire qu'il étoit écrit en latin.
On ajouta si peu de foi à tout ce qu'il rapporta dans son ouvrage, que lorsqu'il
se trouva au lit de la mort, quelqu'un de ses amis lui conseilla de se rétracter,
ou tout au moins de faire disparoître les mensonges dont le public croyoit son
livre farci ; mais il refusa de le faire en disant qu'il n'avoit pas même écrit la
moitié de ce qu'il avoit vu. Après sa mort on se mocqua encore de lui, de manière que dans les masquerades il y avoit toujours quelqu'un qui prenoit son nom,
et le représentoit pour amuser le peuple en racontant tout ce qui lui venoit dans
la tête de plus extravagant. Ensuite on en usa de même envers *Pigafetta* (*Pignoria.
Prefaz. all'Opera degli Dei antichi*); mais les voyages faits après eux les ont assez
justifiés. Le Chroniste joint à sa narration un extrait des premiers chapitres des
Voyages de *Marco Polo*, d'après lequel il paroît que dans les copies de cet ouvrage
il devoit y avoir déjà des changemens de faits avant le XIV siècle.

(b) Premier Voyage autour du monde. Trad. Fran. pag. 56.

tandis qu'il est à 35.º de latitude boréale. — Le nom de la ville commerçante avoit été oublié par *Maldonado*, et seulement il lui paroissoit semblable à *Robr*. Je ne vois pas qu'on puisse de bonne foi accuser d'imposture un homme qui avoue ingénuement, qu'il étoit incertain du vrai nom. — La ville commerçante de *Robr* n'existe pas, dit-on, mais ne peut-elle pas avoir été détruite? Ne peut-elle pas avoir changé de nom comme Cambalu (a)? Cette ville de *Robr*, dont l'Auteur avoit oublié le nom, pouvoit être *Roes* ville maritime de Tartarie qu'on voit sur la carte de *Billing* (b), ou *Ron de Lorenzo d'Anania* (c), ou *Lop*, dont parle *Marco Polo*. — Je suis déjà convenu de l'inexactitude des cartes géographiques et topographiques de *Maldonado*; mais aussi j'ai dit que l'on ne devoit point s'en faire un argument pour nier que l'auteur ait fait le voyage qu'il décrit. Je persiste dans mon assertion à cet égard, et je demande de plus pourquoi l'on jugeroit avec plus de sévérité *Maldonado* que *Pigafetta*; car il est de fait que si l'on compare les cartes, que ce dernier a dessinées du détroit de *Magellan* et de la côte orientale de l'Amérique, avec celles des mêmes contrées qu'à fait dessiner *Cook*, l'on trouvera dans les premières d'aussi lourdes fautes que dans celles de *Maldonado*. Pour cela quelqu'un s'avisera-t-il de révoquer en doute et de traiter de fable le voyage du navigateur Vicentin? Je ne le crois pas. D'ailleurs les anciens Géographes n'ont-ils pas à-peu-près dessiné de la même manière que *Maldonado* le détroit d'Anian, comme je l'ai prouvé au numéro 33? Il est aussi à observer que dans la carte des deux hémisphères notre auteur ne s'est proposé que de rendre sensible à l'oeil que par le chemin projeté par lui, le voyage aux Philippines étoit de beaucoup plus court, et que l'on n'étoit point obligé de mettre pied à terre avant d'y arriver; et par son indication du détroit de Labrador il a voulu seulement faire connoître que l'on va à la mer Glaciale par un détroit, peut-être celui qui sur la carte d'*Urbain*

(a) On l'appele à présent Pekin.
(b) Planche XV.
(c) L'univ. Fabbrica del Mondo ec. Venezia 1582.

Monti est appelé *Oceano di Bargo* (a). On n'a donc aucune raison de douter de l'authenticité et de la véracité de la Rélation de *Ferrer Maldonado* que je viens de publier.

40. Je me flattois d'avoir ainsi repondu à toutes les difficultés qui pouvoient susciter des doutes sur cet objet, lorsque quelques journaux, annonçant le voyage en Amérique du célèbre physicien M. le baron de *Humboldt*, décidèrent d'après lui, que le détroit décrit par *Maldonado* n'existoit pas, parce que M. le marquis de *Malaspina* en le cherchant, n'avoit trouvé que des culs-de-sac. Pour mieux connoître le fondement de leur décision, j'ai voulu lire le texte de M. de *Humboldt*, et j'ai trouvé qu'il s'exprime en ces termes. ,, Les travaux de M. de *Malaspina* sont restés ensevelis dans les ar- ,, chives, parce que le nom de cet intrépide navigateur devoit être ,, livré à un oubli éternel. Heureusement la direction hydrogra- ,, phique a fait jouir le public des principaux résultats des obser- ,, vations astronomiques faites pendant le cours de l'expédition de ,, *Malaspina*. Les cartes marines qui ont paru à Madrid depuis ,, 1799, se fondent en grande partie sur ces résultats importans, ,, mais au lieu du nom du chef, on y trouve seulement celui des ,, corvettes que *Malaspina* a commandées. En 1789 la Cour de ,, Madrid fixa de nouveau son attention sur un objet qui avoit été ,, débattu au commencement du XVII siècle, sur le prétendu dé- ,, troit, par lequel *Lorenzo Ferrer Maldonado* disoit être passé en ,, 1588 des côtes du Labrador au grand océan. Un mémoire de ,, *Buache* ayoit fait renaître l'espoir de l'existence de ce passage. Les ,, corvettes *La discubierta*, et *l'Atravida* eurent ordre de s'élever ,, à des hautes latitudes sur la côte Nord-ouest de l'Amérique, et ,, d'examiner toutes les passes et entrées, qui interrompoient la con- ,, tinuité du litoral entre le 58 et 60.° de latitude. Après avoir cher- ,, ché inutilement le détroit indiqué dans la Rélation de *Maldonado*, ,, après avoir séjourné au port de Mulgrave dans la baie de Béring ,, (latitude 59.° 34.' 20."), *Malaspina* fit route vers le Sud (b) ".

(a) Voyez la Planche II. numéro 1.
(b) Liv. III. Ch. VIII. pag. 338.

Après quatre pages, dans lesquelles il rapporte les disputes qui eurent lieu avec les Anglois, et en conséquence desquelles l'Espagne, pour éviter une guerre de mer, céda en 1790 à l'Angleterre le port de Nootka, l'auteur cité répète que " *Malaspina*, au lieu du „ canal de *Maldonado* n'avoit trouvé que des culs-de-sac, ou des „ impasses ". Il paroît, en lisant cette partie de l'ouvrage de M. de *Humboldt*, que, n'ayant pas été lui-même au Nord de l'Amérique, il se servit pour parler du voyage de *Malaspina* des notices de ceux qu'il croyoit en être le mieux informés ; mais aussi il est évident, que ni ceux-ci, ni *Malaspina* ne connoissoient que de nom la *Rélation de Maldonado*, et qu'ils ignoroient absolument que ce navigateur avoit dépassé le détroit qui sépare l'Asie de l'Amérique. Car, comme il ne pouvoit par ignorer que ce détroit étoit à 66.° de latitude, ou du moins à 65.° 5o.', comme le dit le même M. de *Humboldt*, puisque *Cook* et *Clerke* y avoient passé quatorze et quinze ans auparavant, *Malaspina* auroit été bien peu sensé de le chercher entre 58.° et 6o.° ; et il auroit bien mal raisonné, quand, ne l'ayant pas trouvé à cette latitude, il en eût conclu que le détroit n'existoit pas, et que la Rélation de *Maldonado* n'étoit qu'un conte fabuleux.

41. Je ne peux pas d'ailleurs douter que *Malaspina* ne soit effectivement allé chercher entre les 58.° et les 6o.°, non le détroit par lequel *Cook* avoit passé ; mais un canal, de 7.° à 8.° plus au Sud, par lequel on lui fit croire que *Maldonado* prétendoit avoir passé deux siècles avant lui. Voici ce que je viens de lire dans une lettre autographe d'un de ses amis, son compagnon de voyage, datée d'Acapulco le 28 d'octobre 1791. " Notre objet, dans toute la „ campagne que nous venons de faire, étoit non seulement de „ bien examiner sur une grande étendue la côte du continent „ de l'Amérique septentrionale, et d'en déterminer avec précision „ et exactitude plusieurs points intéressans pour la navigation na- „ tionale, mais encore de vérifier si vraiment *Ferrer Maldonado* „ avoit parcouru le fameux passage de la mer Pacifique à la mer „ Atlantique. Le journal de ce célèbre navigateur est dans les „ mains du duc de l'Infantado, et il est cité par le duc d'*Alma-*

,, *dover* au tome IV. de l'Histoire des établissemes ultramarins.
,, N'ayant pas trouvé ce passage dans l'endroit, où, selon qu'il
,, étoit indiqué, nous aurions dû le trouver, cet illustre écrivain
,, aime mieux imaginer qu'il ait été fermé par une révolution phy-
,, sique, plutôt que de condamner comme apocryphe la Rélation
,, de *Maldonado* ". Il écrit dans une autre lettre qu'ils ont été
jusqu'à 60.° 20.' sans trouver le passage en question ; c'est-à-dire,
qu'il sont entrés dans la rivière de Cook, où effectivement *Delisle*
et *Robert de Vaugondy* avoient imaginé, et dessiné un canal dans
l'intérieur de l'Amérique, qui s'étendoit jusqu'au canal de Chies-
terfield, et à la baie d'Hudson (a).

42. Quelle peut donc être l'origine d'une faute si singulière (b)?
M. le marquis de *Malaspina* a reçu sans doute ses ordres et ses
instructions du ministère de la marine : instructions aux quelles il
lui falloit s'en tenir strictement, sur-tout à cause des prétentions
et des menaces des Anglois ; et ses instructions portoient, à ce qu'il
paroît par la narration de M. de *Humboldt*, qu'il devoit chercher dans l'intérieur de l'Amérique, entre le 58 et le 60.° de latitude,
le passage pour aller de la mer Pacifique à l'Atlantique. — Mais
sur quel fondement le ministère Espagnol de la marine s'appuyoit-
il pour croire à l'existence de ce passage ? *Jean de Fuca* en 1590,
et *Barthelemy Fuente* ou *Fonta* en 1640, prétendoient y avoir navigué, quoiqu'à des latitudes bien différentes ; et c'est sur le rapport
de ce dernier que *Delisle* l'a dessiné sur ses cartes. Cependant,
il paroît qu'on avoit renoncé depuis long-temps à l'idée d'une navigation intérieure ; mais en 1789 les Espagnols, contraints par les
Anglois à ne pas naviguer dans des latitudes au delà du 60.°, se

(a) J'ai indiqué cette route par des points à la Planche I, et l'on peut la voir
dessinée même sur l'Atlas que *Lamark successeur de Vaugondy* publia en 1795,
et sur la carte du voyage de *Meares*.

(b) Si M. le marquis de *Malaspina* (qui après la captivité de six ans, que
lui avoit fait souffrir le despotisme d'un ministre, s'étoit retiré dans sa patrie, et
que j'eus le plaisir de voir à Milan) vivoit encore, il m'auroit, sans doute, donné
là-dessus des éclaircissemens ; mais il n'est plus : il a cessé de vivre en avril 1810;
et ce fut une perte bien grande pour la nautique et pour l'Italie.

flattèrent de suppléer à cette perte par une navigation intérieure, qui leur ouvriroit du moins un court chemin pour aller de l'Espagne à leurs grands établissemens de l'océan Pacifique. Ils trouvèrent sans doute dans leurs archives, ou chez des particuliers des notices du voyage de *Maldonado*, car M. de *Humboldt* nous apprend que l'existence du *canal*, par lequel *Maldonado* disoit avoir passé en 1588, avoit été débattue au commencement du siècle XVII ; mais ce qu'il y a de plus remarquable, c'est qu'il ajoute qu'un mémoire de *Buache* avoit fait renaître l'espoir de le retrouver. L'illustre Voyageur Prussien avoit sans doute appris tout cela en Amérique ; il lui importoit fort peu de le vérifier ; et peut-être qu'aussi les moyens lui en manquoient. On aura debattu, je le crois bien, au siècle XVII la question de l'existence du canal intérieur, c'est-à-dire, de la route que *Fuca* disoit avoir tenue ; mais je ne trouve nulle part qu'on ait disputé alors sur le voyage de *Maldonado*. Du moins aucun des auteurs, qui ont écrit *ex-professo* sur les navigations au Nord, et que j'ai pu lire, excepté le duc d'*Almadover*, ne parle de ce navigateur (a).

43. Si le canal intérieur de l'Amérique étoit véritablement l'objet de la question, il est bien sûr que ceux qui disputoient alors, comme aussi ceux qui donnèrent ensuite les instructions à M. *Malaspina*, n'avoient pas lu la *Rélation* de *Maldonado* ; car cet auteur y dit clairement " 1.° Qu'après avoir parcouru 290 lieues dans le détroit ,, du Labrador, ils en sortirent et parcoururent l'espace de 290 ,, lieues dans la mer ouverte, qui est entre le détroit du Labrador ,, et le détroit d'Anian ". Donc *Maldonado* n'a pas toujours navigué dans un canal, et dans des rivières ou des lacs. " 2.° Qu'il se trouva, ,, contre son attente, au beau milieu du détroit, lorsqu'il étoit encore ,, à plus de cent lieues vers le Nord du 60.me dégré, auquel il croyoit ,, 'devoir arriver avant d'y entrer ". Donc il le trouva à environ 65.°,

(a) *Meares*, qui après sa navigation en 1789 a écrit une dissertation sur la probabilité d'un canal intérieur de l'Amérique septentrionale, examinant aussi la possibilité de naviguer dans la mer Glaciale, ne nomme jamais *Maldonado*. Voyez ses *Voyages traduits par Billecoq* Tom. I. pag. 101-154.

et non pas entre 58. et 60.°. " 3.° Qu'enfin étant sortis du dé-
„ troit ils entrèrent dans la grande mer (l'océan Pacifique), où
„ ils cotoyèrent l'Amérique dans une espace de plus de 100 licues,
„ ayant la proue au Sud-est jusqu'à ce qu'ils parvinrent à 55.° de
„ latitude boréale ; et que dans toute cette côte ils ne virent aucun
„ habitant, ni aucune ouverture qui fût un indice d'un détroit,
„ par lequel on pût de la mer du Sud passer au Nord, de façon
„ que cette partie fût isolée ". Mais si *Maldonado* avoit navigué dans un canal intérieur, les terres comprises entre la mer Pacifique et l'Atlantique, seroient isolées par le canal et la mer Glaciale, comme le cap Horn de l'Amérique méridionale. 4.° Il avoit
dit précédemment, en parlant du détroit d'Anian, dans lequel il
venoit de passer : " Et puisque ce détroit existe, il doit néces-
„ sairement être formé d'un coté par l'Asie, et de l'autre par
„ l'Amérique ". Donc la mer parcourue par *Maldonado* n'est pas
un canal intérieur. 5.° L'auteur a joint à sa relation une carte hy-
drographique (Planche III) dans laquelle, indiquant par des points
la route qu'il a suivie, il montre aux yeux qu'il a traversé la mer
Glaciale depuis le détroit d'Hudson jusqu'à celui de Béring : il nous
a aussi donné un plan et deux vues du détroit, par lequel il a
passé ; et tout cela, à quelques différences près, dues probablement
aux changemens physiques qui y sont survenus, convient au détroit
de Béring, et point du tout au canal intérieur qu'on a supposé
exister dans l'Amérique. Pouvoit-on après avoir lu la relation de
Maldonado, et après avoir vu ses dessins, mettre en question
s'il avoit passé ou non dans un canal intérieur entre 58 et 60.° de
latitude boréale, pour aller de la mer Pacifique à la mer Atlantique?

44. Un mémoire de *Buache*, ajoute M. de *Humboldt*, a fait renaître l'espoir de l'existence de ce passage. — Je ne saurois pas déviner quel est le mémoire de M. *Buache*, dont parle le Voyageur
Prussien. J'ai lu tous les mémoires que ce célèbre Géographe a fait
insérer dans les volumes de l'Académie des Sciences depuis 1750 jusqu'en 1756, et bien loin d'y avoir trouvé quelqu'appui à l'assertion
des Espagnols rapportée par M. de *Humboldt*, j'y ai trouvé des preuves

évidentes d'une opinion tout-à-fait opposée. J'observe avant tout que M. *Buache* ne nomme jamais le navigateur *Maldonado*, dont il ne connoissoit certainement pas la *Relation*, car il auroit eu occasion de la citer plus d'une fois. Il y a dans le volume de ladite Académie pour l'an 1750, un extrait de ses *Considérations géographiques*, où il dit, que *Délisle*, célèbre d'ailleurs pour ses recherches sur la géographie, a cru, sur le rapport de quelques Sauvages, qu'il y avoit une mer ou du moins un grand lac au Nord du Canada aux sources du Missouri et du Missipipi ; et que ce Géographe, ayant eu occasion de voir en Russie une relation dans laquelle *Barthelemy Fonte* disoit avoir fait, par des fleuves et des lacs, le passage de la mer Pacifique à la mer Atlantique, fut bien charmé d'avoir trouvé dans cette notice les matériaux pour remplir le vuide immense qui étoit dans ses cartes entre la baie d'Hudson et la Californie. D'après cela M. *Buache* semble n'être pas éloigné d'ajouter foi à cette partie de la géographie de *Delisle*, qui s'accorde assez avec son système d'un rapport entre les deux hémisphères ; mais bien loin de se persuader qu'il y ait un canal navigable dans l'intérieur de l'Amérique septentrionale par où l'on puisse passer de la mer Pacifique à l'Atlantique, il en nie l'existence, et même il en démontre l'impossibilité. On n'a qu'à lire son mémoire inséré dans le volume de l'Académie pour l'an 1754, et l'on verra qu'au lieu de donner comme probable qu'il y ait un canal navigable dans l'intérieur de l'Amérique entre les 58.me et 60.me dégrés de latitude boréale, il dit qu'il n'y a aucun document de fait propre à en prouver l'existence, et que par conséquent il ne croit pas à la rélation de *Fonte*, et qu'il n'y a pas même aucune probabilité physique, car, dit-il, on ne voit pas en nature que la même eau d'un lac, ou d'une rivière quelconque, coule moitié à l'Est, et moitié à l'Ouest ; ce qui auroit dû arriver pour que *Fonte* eût pu aller toujours par eau de la côte qui est au dessus de la Californie jusqu'à la baie d'Hudson. Il accorde qu'on peut aller d'une mer à l'autre par les rivières et les lacs ; mais cela ne peut jamais se faire, dit-il, qu'au moyen de quelques portages, ou transports des bâteaux ; ce que l'on fait même aujourd'hui, et qu'ont aussi pratiqué les anciens, par exemple, les Argonautes quand de la mer Noire, remontant le Danube, ils sont descendus à la mer Adriatique par le Timave. " La communication active et passive, „ continue-t-il, de la mer Glaciale avec les autres mers doit être „ regardée comme un fait constant ; mais on ne doit pas considérer „ du même œil les communications que jusqu'à nos jours on a sup-„ posées praticables entre les terres par le moyen de plusieurs ri-„ vières, et l'on doit plutôt conclure avec moi que l'on a mal en-„ tendu, à ce sujet, le langage de ceux qui ont indiqué ces espèces „ de communications, ou jonctions supposées par les voyageurs, „ sans que les rivières soient réellement jointes. — On sait que les „ Canadiens font leur voyage sur les rivières avec leurs canots „ qu'ils transportent dans les trajets qu'ils font entre deux rivières „ dont le cours est opposé —. Les rivières ne se communiquent „ qu'au moyen des portages, que les Sauvages ne comptent pour rien. „ — A mesure que nos découvertes dans le Canada se sont étendues „ nous avons retranchés de nos cartes beaucoup de communications „ de rivières ". Voilà ce que pense *Buache* des canaux par les-quels on croyoit qu'il fut possible de naviguer dans l'intérieur de l'Amérique septentrionale. Pour mieux éclaircir ce point important de la géographie et de la navigation, il a joint à son mémoire une carte de l'hémisphère arctique, où il a marqué par des points le vo-yage du capitaine *Melguer* en 1660 du Japon à Lisbonne par la mer Glaciale : il observe en même temps que l'ancien détroit d'Anian dessiné sur les cartes du XV et XVI siècle, est le même détroit qui a été ensuite appelé de Béring et du Nord ; et il en conclut que les an-ciens Géographes avoient des relations, qui ne sont pas venues jus-qu'à nous, de voyages faits par la mer Glaciale. Il démontre ensuite la réalité de la communication entre cette mer, et les mers Atlan-tique et Pacifique par la force avec laquelle la marée entre par le Nord dans la baie d'Hudson, en y poussant les glaces ; par les troncs d'arbres, qui, entrainés par les fleuves septentrionaux de la Sibérie, et charriés dans la mer du Nord, sont portés par les détroits dans les deux mers que je viens de nommer ; et par les baleines qu'on a prises en Corse et au Japon, où elles étoient passées, emportant avec elles des harpons que les Anglois et le François leur avoient jetés au Spitzberg. Enfin il prouve que le détroit de Béring, sous le nom de détroit d'Anian, étoit connu depuis plusieurs siècles des Chinois et d'autres nations qui y avoient navigué. Comment donc un mémoire de *Buache* avoit-il fait renaître au ministère Espagnol l'espoir de l'existence d'un passage dans l'intérieur de l'Amérique entre 58.° et 6o.° de latitude boréale?

45. Il y a un autre *Buache,* qui a aussi présenté à l'Académie des Sciences des écrits touchant la géographie, et j'ai soupçonné que le mémoire, dont parle M. de *Humboldt,* pouvoit être son ouvrage ; mais ayant parcouru tous les volumes de l'Académie jusqu'en 1790, je n'y ai rien trouvé qui ait le moindre rapport au canal intérieur de l'Amérique. Je dois même croire, que le jeune M. *Buache* n'avoit aucune connoissance de la *Relation de Ferrer Maldonado,* car puis que dans un mémoire inséré dans le volume de l'Académie pour l'an 1784, où il se propose de prouver que l'isle de Frislande existoit autrefois, et existe encore, il allègue en preuve les temoignages de plusieurs navigateurs des siècles précédens, de même il n'auroit pas manqué d'apporter aussi celui de *Maldonado,* qui alla y faire des provisions pour son voyage, s'il en avoit connu la Relation.

46. Sur quoi donc avoit-on fondé l'instruction donnée par le ministère Espagnol à M. de *Malaspina?* J'avoue que je ne saurois pas le deviner. Je sais que quelques Géographes et Navigateurs, même de nos jours, sont d'avis que la partie occidentale de l'Amérique septentrionale soit un assemblage d'isles, qu'on appèle Archipel du Nord (a), et que, soit par la rivière de Cook, soit par l'entrée de Nootka, on puisse, en naviguant dans les canaux formés par les isles, aller à la baie d'Hudson, ou à celle de Baffin. Je sais aussi que d'autres pensent que les lacs très étendus, qui occupent

(a) Si l'on veut avoir des notices étendues sur cet objet on n'a qu'à lire les *Observations sur la probabilité d'un passage Nord-ouest etc.* que le cap. *Meares* a insérées dans la relation de ses *Voyages de la Chine à la côte Nord-ouest de l'Amérique faits dans les années* 1788-89.

une grande partie de ce continent, aient une double issue, par laquelle on puisse naviguer d'une mer à l'autre. Mais sans examiner minutieusement ces opinions, il est sûr qu'aucune n'est fondée sur la relation de *Maldonado* que je viens de publier. Ceux qui ont donné les instructions à M. de *Malaspina* peuvent avoir eu sous les yeux une relation apocryphe ou pseudonyme, et il se peut que l'on ait fait une erreur de noms, en attribuant, par exemple, à *Maldonado* les relations des voyages de *Fuca* et de *Fonte*. Je ne propose cette conjecture que pour justifier de quelque manière le ministère de la marine Espagnole; car, du reste, M. le marquis de *Malaspina* est assez justifié par les instructions et les ordres qu'il en avoit reçus, et dont il ne pouvoit pas s'écarter; et l'on ne peut non plus faire une reproche à M. le baron de *Humboldt* de ce qu'il a cru, et écrit ce que les personnes, qui devoient être au fait de la navigation de *Malaspina*, lui ont dit au Méxique. L'on voit donc que la narration de M. le baron de *Humboldt* ne fait aucun tort, ni à l'authenticité, ni à la véracité de la *Relation de Laurent Ferrer Maldonado*.

47. Je venois d'achever ces observations, lorsqu'un autre Journaliste (a), annonçant le voyage de *Lewis* et *Clarke* dans l'intérieur de l'Amérique septentrionale, a exprimé les mêmes doutes sur l'authenticité et la véracité de la *Relation de Maldonado*, en y ajoutant des notices, qui, à mon avis, ne s'accordent guères ni avec l'histoire, ni avec la géographie. Après avoir nommé quelques-uns de ceux qui allèrent les premiers à l'Amérique septentrionale, il dit que " les Géographes du XV et du XVI siècle arrangèrent,
„ comme ils purent, des matériaux incomplets; que *Corteréal* en
„ 1500 découvrit le détroit d'Hudson, et qu'il le nomma détroit
„ d'Anian, détroit qui fut ensuite porté de quelques centaines de
„ lieues à l'Ouest; que les Géographes sachant que l'Asie est en-
„ vironnée par des mers, y ajoutèrent la Chine et le Japon; et que
„ l'on forma de cette manière l'idée-mère de toutes les cartes du

(a) Journal de l'Empire, 27 Août 1810.

78

,, XVI siècle ; que quand on chercha le passage au Nord, on vit
,, se repandre les relations des prétendus voyages de *Fuca*, *Fonte*
,, et *Maldonado*, personnages dont l'existence n'est pas suffisam-
,, ment prouvée ... On paroît convenir, continue-t-il, qu'il n'existe
,, ni en Europe, ni au Méxique aucune relation tant soit peu au-
,, thentique de ces prétendus voyages. On attend, pour décider à
,, jamais cette question que M. Amoretti ait publié le manuscrit
,, relatif au voyage de *Maldonado*, qu'il assure avoir découvert,
,, mais qui, même en le supposant authentique, ne sauroit mériter
,, de confiance, qu'autant qu'il s'y trouvera des observations plus
,, positives, et plus conformes à l'état de ces lieux, que celles qu'un
,, journal savant (a) a données comme en étant extraites ".

48. Puisque le Journaliste ne nous dit pas dans quelles notices
il a puisé ses observations, je ne puis guères juger si elles sont bien
fondées ; mais je puis bien dire que c'est une nouveauté pour moi de
lire que *Corteréal* ait donné le nom de détroit d'Anian au détroit
d'Hudson. Voyez au num. 6 oo qui dit *Sprengel* à oo sujet, et ce que
j'ai écrit au num. 17 sur la probabilité que ce nom soit Tartare ou
Chinois. D'ailleurs quelque soit le navigateur qui donna le nom à
ce détroit, et quelque soit l'époque où il lui fut donné, il est bien
certain qu'aucun des anciens Géographes n'a confondu le détroit
d'Hudson avec celui d'Anian ; que *Mercator* et *Hortelius*, qui ap-
pèlent *Terre de Corteréal* celle qui est au Nord du détroit d'Hudson,
placent le détroit d'Anian à 150.° à l'Ouest ; que toutes les cartes du
XVI siècle le placent à-peu-près où on l'a toujours dessiné dans la suite,
et enfin qu'on n'auroit pas pu confondre dans un seul les deux détroits, sans anéantir tout le continent de l'Amérique septentrionale.

49. Le Journaliste ajoute que l'existence de *Fuca*, de *Fonte*
et de *Maldonado* n'est pas bien prouvée ; et que nous n'avons, ni
en Europe, ni en Amérique, aucune relation authentique de leurs
voyages. On peut bien douter si *Jean de Fuca* et *Barthelemy Fonte*
ont fait les voyages dont on a publiés les journaux, et même s'ils

(a) Journal encyclopédique de M. Millin pour l'an 1810. Tom. II. pag. 279.

ont existé, quoique ce que nous avons dit au numéro 23 de *Michel Loke*, rende bien probable l'existence de *Fuca* ; mais à l'égard de *Maldonado* on ne peut certainement pas, sans affecter du pyrrhonisme, revoquer en doute l'existence d'un homme loué par les écrivains ses contemporains, et dont on connoît les ouvrages imprimés et manuscrits. On ne peut dire non plus que nous n'avons pas une relation tant-soit-peu authentique de son voyage. *Nicolao Antonio* dit en avoir vu un exemplaire dans la bibliothèque de l'Évêque de Ségovie qui avoit été membre du Conseil des Indes (a). *Antoine de Léon*, qui parle de ses recherches sur l'art de naviguer, connoissoit probablement aussi la relation de son voyage (b). L'ami de M. de *Malaspina* dit qu'il y en a une chez le duc de l'Infantado (c) ; le duc d'*Almadover* en avoit sous les yeux un extrait, quand il écrivoit son histoire des établissemens ultramarins (d); nous avons à la bibliothèque ambroisienne l'exemplaire que je viens de publier, et qu'on peut voir signé N. 329. Il peut aussi se faire que le manuscrit dont parle *Méares*, qui confirme le passage de la baie de refus à la mer Polaire, contenoit la même relation. (e). Peut-on après tout cela douter que *Maldonado* ait existé, et que sa *Relation* soit authentique ?

5o. Le Journaliste, après avoir dit tout ce qui pouvoit favoriser les doutes sur le voyage de *Ferrer Maldonado*, demande, pour se convaincre de la véracité du manuscrit, des observations plus positives, et plus conformes à l'état connu de ces régions, que celles qu'on lit dans l'extrait inséré dans le magasin encyclopé-

(a) Voyez le numéro 11.

(b) Epitome de la biblioteca oriental y occidental, nautica y geografica por el licenciado Antonio de Leon Relator del Supremo y R. Consejo de las Indias. En Madrid por Juan Gonzales 1629.

(c) Numéro 41.

(d) Numéro 36.

(e) Loc. cit. pag. 119. Le même auteur à la page 148 parle d'un ouvrage publié en Portugal à l'époque de *Fuca*, où il s'agissoit d'un passage de la mer Atlantique à la mer Pacifique par le Nord-ouest ; et l'écrivain déclaroit positivement qu'il avoit fait ce voyage lui-même ; cet ouvrage que la Cour supprima, pouvoit bien être le journal, ou la Relation de *Ferrer Maldonado*.

dique. Il n'a qu'à lire ce Discours, déja trop long, et il y trouvera, je me flatte, les observations telles qu'il les souhaite pour se convaincre de la véracité, et de l'authenticité de la *Relation* que je viens de publier (a).

(a) Le même Journaliste, voulant, dans la feuille du 29 Janvier 1812, annoncer mon ouvrage dès qu'il parut en italien, et ayant le projet d'inspirer des doutes sur l'authenticité et la véracité de la *Relation de Ferrer Maldonado*, joint d'autres erreurs à celles qu'il avoit écrites en 1810. Il dit que *j'ai tiré cette Relation d'un manuscrit de la Bibliothèque R.* ; tandis que je dis que je l'ai trouvée dans la Bibliothèque Ambroisienne : il dit que cette Relation *tend à prouver l'existence de plusieurs petites méditerranées au Nord de l'Amérique* ; tandis que la *Relation*, et plus encore le *Discours*, tendent à en démontrer la non-existence : il dit que dans l'Amérique septentrionale les glaces sont éternelles ; tandis que *Maldonado*, et tous les Navigateurs attestent le contraire : il ajoute qu' *aujourd'hui la navigation en paroît impossible* ; ce qui est nié par plusieurs auteurs qui ont écrit sur ce sujet. Il demande enfin si j'ai démontré complétement l'Authenticité de la Relation que je publie. S'il avoit lu le livre qu'il annonce, il se seroit épargné cette demande.

F I N.

INDEX

DISCOURS SUR L'AUTHENTICITÉ

ET LA VÉRACITÉ DE LA RELATION PRÉCÉDENTE.

ERRATA			CORRIGE
Pag.	lin.		
33	antipen.	Mollet	Mallet
34	10	ait	soit
44	7	1507	1597
56	27	n'on	n'ont
61	22	treize	treize lieues
65	24	Ce qu'il	Ce qui
70	13	par	pas
72	24	de 290	de 790
78	17	ce qui	ce que

CARTE

Des Terres et des Mers circompolaires au Nord,

pour servir à la Relation du Voyage

DE LAURENT FERRER MALDONADO

en 1588.

DESSINS

Des Détroits du Labrador (d'Hudson)
et d'Anian (de Béring)
de différens Géographes anciens et modernes.

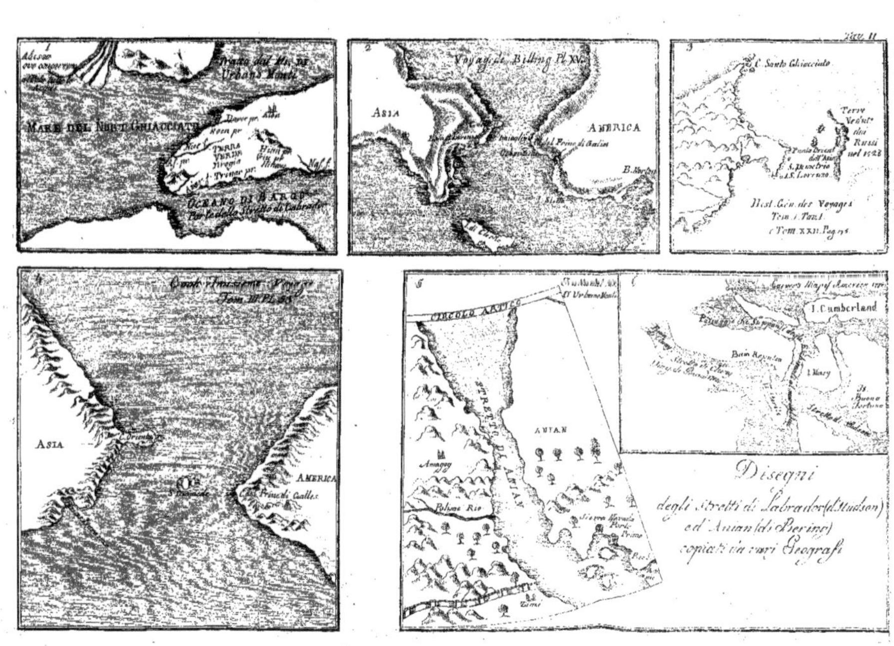
MARE DEL NORT GHIACCIATO
Strada del M.re di Urbani Monti
OCEANO DI MARGE. Por te della Stretto di Labrador
TERRA VERDE Norvegia
ASIA
AMERICA
Voyage de Billing Pl. XV.
B. Norton
C. Santo Ghiacciato
Terre Veduta dai Russi nel 1728
Punta Orient. dell'Asia
Hist. Gén. des Voyages Tom. I. Part. I.
Tom. XXII. Pag. 75.
Cook's Tmscoerie Voyage Tom. III. Pl. 58
ASIA
AMERICA
Prince's Galles
CIRCOLO ARTICO
ANIAN
Polme Rio
Sierra Nevada Porto Primo
Gasper's Map of America 1776
I. Cumberland
Bain Repulse
I. Mary
Bt. Buena Fortuna
Stretto di
Stretto di Chew
Passaggio di Re Supposta
Disegni
degli Stretti di Labrador (d'Hudson)
ed Anian (di Bering)
copiati da vari Geografi

EXPLICATION DES PLANCHES III. IV. V.

PLANCHE III.

Planisphere.

A Espagne.
B Labrador.
C Terre vue.
D Anian.
E Isles Philippines.
F Voyage de Ferrer Maldonado.
G Voyage pour la N. Espagne.
H Détroit de Magellan.
I Cap de Bonne-Espérance.
L Découverte de Quiros.
M Nouvelle-Espagne.
N Groenland.
O Mer Méditerranée.
P La Chine.
Q Le Japon.
R Malaca.
S Goa.
T L'Inde.
V Terre des Baccalai.
X Frislande.

PLANCHE IV.

N. I. *Vue du détroit d'Anian du côté Nord.*

A Embouchure du détroit.
B Rivière d'eau douce avec des arbres et un abri.
C Rivière d'eau douce sans arbres.
D Rocher nu environné par la mer.
E Rocher blanc avec trois arbres.
FF Chaine de montagnes.
G Partie de l'Asie avec des grandes montagnes et des sapins.
H Partie de l'Amérique avec des montagnes basses et des arbres.

N. II. *Vue du détroit d'Anian du côté Sud.*

A Embouchure du détroit.
B Port, où nous mîmes à l'ancre, capable de 500 vaisseaux.
C. Lieu propre à y bâtir une forteresse.
D Rivière d'eau pure où l'on peut jeter l'ancre.
E Rivière d'eau potable avec des arbres fruitiers.
F Plaines au dessus des collines.
G Montagnes, où il y a beaucoup de gibier.
H Cannaie, où il y a beaucoup de poisson.
I Partie de l'Asie.
L Partie de l'Amériq.
M Endroit, où vont battre les courans. Tout est fond de sable d'ici jusqu'à la rivière du port

PLANCHE V.

Plan du détroit, et manière de le fortifier.

A Embouchure Nord. } du détroit
B Embouchure Sud. }
C Port.
D Rivière d'eau pure et bon fond.
E Lieu propre à y bâtir une forteresse.
F Cannaie.
GGG Sentinelles.
HH Forteresses, dont une sur une petite isle.
I Bas Fonds.
L Partie de l'Asie.
M Partie de l'Amérique.

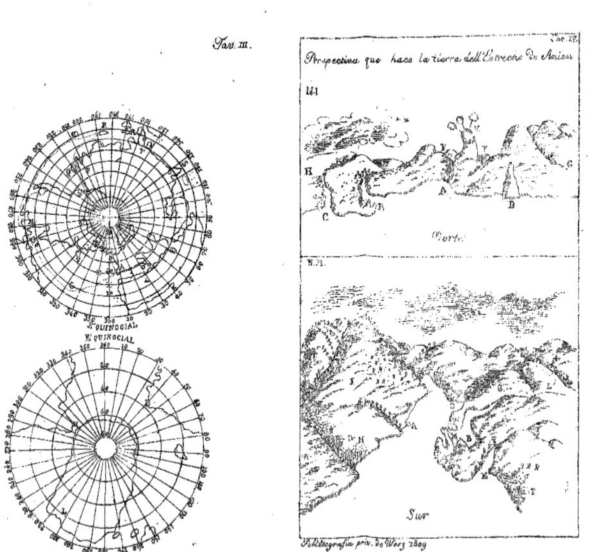
Tav. III.
Prospectiva que hace la tierra dell'Estrecho de Anian
Tav. IV.
E. QUINOCIAL
Corte
Sur
Politigrafia priv. de Wag 1809

Tav. V.
Planta del Estrecho de Anian
Sur

9 782014 456349